講談社文庫

# 宿命

## 國松警察庁長官を狙撃した男・捜査完結

原 雄一

JN054209

講談社

# プロローグ

「東京から恋人が来てはるで」

大阪府警察本部捜査第一課の猛者《もさ》が、夕食を済ませて取調室で待機する男に声をかけた。

男は、一瞬、怪訝《けげん》そうな表情をして顔を上げた。

二人の再会は一ヵ月ぶりだったが、随分時間が経過したように思える。

〝恋人〟とは、何の前触れもなく現れた警視庁の取調官だった。

何かのサプライズ演出と勘違いしたのか、男は「おーっ」と驚嘆の声をあげ、満面の笑みを浮かべて〝恋人〟を迎え入れたが、次第にその顔を強張《こわば》らせ、絶句した。

机の上に広げられた全国紙の夕刊記事が目に入ったからだ。各紙面は、平成七年三月三〇日に東京都荒川区南千住で発生した警察庁長官狙撃事件の犯人として、警視庁がオウム真理教関係者を逮捕したことを大々的に報じていた。

平成一六年七月七日の夜、大阪府警察本部第二三号取調室での一幕。

男は、警察庁長官狙撃事件の容疑者として、警視庁・愛知県警・大阪府警の三都府県の捜査第一課が共同で割り出した中村泰《ひろし》（当時七四歳）。

平成一四年一一月、名古屋市内で現金輸送車を襲撃して警備員に現行犯逮捕されたが、その実態は謎に包まれていた。

その後、三都府県警察の懸命な捜査により、男が、新宿区内の貸金庫に大量の銃器・弾薬を隠匿《いんとく》保管していることが判明し、平成一六年二月、警視庁が男を再逮捕して取り調べたものの、

「警察庁長官狙撃事件の関与は肯定も否定もしない」

などと取調官を一蹴し、事件の核心部分に話が及ぶと黙秘に転じて徹底抗戦した。

その男が、この夜は差し出された夕刊記事を食い入るように見ては、時折、

「へぇー」

と深い溜め息を吐《つ》いていた。

男は、警視庁から東京拘置所に勾留場所を移された後、平成一三年一〇月に大阪市内で発生した現金輸送車襲撃事件の犯人として、大阪府都島《みやこじま》警察署捜査本部に再逮捕され、今は、大阪府警察本部の留置場に勾留されている身だ。

この七夕の日、警視庁公安部が主導する南千住署特別捜査本部は、警察庁長官狙撃

事件の被疑者として、オウム真理教関係者三名を殺人未遂罪で逮捕し、ほか一名を爆発物取締罰則違反で逮捕した。

本来ならば、犯人逮捕を知って、男は、自分の無実が証明されたことを喜ぶはずだが、その様子はまったく見られない。

むしろ、その反応は真逆で、悲壮感すら浮かべていた。

ようやく男が、あきれたように口を開いた。

「公安部は今後どうするつもりですかね」

少し間を空けて、さらに続けた。

「結末が付けられないでしょう。完全に誤認逮捕ですから。公安部もいろいろ言い訳するでしょうから、ギブアップしたら、私が出て行きますかね」

将来、自らが警察庁長官狙撃事件の真犯人であることを名乗り出る決心がついたのか——沈黙を破って〝恋人〟が囁《ささや》いた。

「この狙撃事件の犯人逮捕を受けて、刑事部幹部に向けて何か話しておきますか」

〝恋人〟の諭すような言葉に男は逡巡《しゅんじゅん》し、そして、

「そうですね、せっかく大阪まで来てくれたのだから、手土産を持たせましょう」

と言って理路整然と話し出した。

それは、未公開の事実であり、狙撃犯人だからこそ知り得た内容であった。

**○ 狙撃事件の二日前、つまり三月二八日の警察庁長官出勤時の状況**

「この朝、國松孝次《くにまつたかじ》警察庁長官を暗殺するため、國松長官の私邸があるマンションに赴いたが、長官の出勤を待ち構えていた二人の警察幹部がいたので狙撃は実行できなかった」

**○ 同三月二八日の公用車の状況**

「警察庁長官専用の公用車は黒色の日産プレジデントだったが、この日、別の黒色日産プレジデントに替わっていた」

**○ 警察庁長官私邸の表札の状況**

「集合郵便ポストの表記は名字だけだったが、六階の私邸の表札はフルネームで表記してあった」

**○ 狙撃事件発生後の警察官の配置状況**

「國松長官を狙撃した後、新宿で銃器・弾薬を隠匿し、中央線下り電車に乗って小平市のアジトに戻ったが、最寄り駅の武蔵小金井駅で下車したとき、南口改札・跨線橋・北口改札に警察官が配置されていた」

話し終えると、男は幾分笑みを浮かべ、

「必ず裏付けが取れますから捜査してみてください。これで刑事部幹部も安心して眠れるでしょう」

と満足気に付け加えた。

この夜、大阪府警察本部を電撃訪問した東京の〝恋人〟は、男に警察庁長官狙撃事件の犯人としてオウム真理教関係者が逮捕されたことを告げ、もし、男に心理的動揺が窺《うかが》えたならば、その機に乗じて自供を引き出す意図を持った「刺客」だった。

確かに、その思惑は、一定の成果を挙げた。

男が予期したとおり、七月二八日、逮捕されたオウム真理教関係者は処分保留のまま釈放となり、九月一七日、不起訴が決定した。

この男は、本当に警察庁長官を狙撃した実行犯なのであろうか。

紆余曲折《うよきょくせつ》を経ながらも、捜査は分厚い壁を一つ一つ打ち砕き、着実に進んでいった。

「逮捕」「事件解決」というゴールが見えてきたかとも思えたが、やがて、誰も予想し得なかった信じ難い結末を迎えることになる。

## 第五章◉ガン・ショー



## 第六章◉自供



## 第七章◉刑事と公安

本文中写真：読売新聞社、朝日新聞社、時事通信社、著者提供
図版製作：アトリエ・プラン

真実を求めて戦った捜査員たちに捧げる

# 第一章◉警察VS.オウム

國松孝次警察庁長官は、奇跡的に一命をとりとめた

## 「旭が丘派出所」襲撃事件

平成四年二月一四日（金曜日）早朝。

都会の乾いた冷気が凍《し》みる中、第二機動捜査隊、通称「二機捜《にきそう》」の主任（警部補）だった私は、同僚と山手線「新大久保駅」に程近いラブホテル街で張り込んでいた。

その年の一月、荻窪署管内で発生した、医師誘拐事件の主犯格がホテルに潜んでいるという情報がもたらされたからだ。身代金目的の誘拐事件は、前年の平成三年から相次いで発生していたが、捜査第一課特殊犯捜査係を中心とした精鋭たちが次々と解決に導いていた。

四月一一日、中野署管内で宅配業者を装う二人組が在宅中の男性（当時二九歳）を誘拐し、男性の父親に身代金二億円を要求する事件が発生。約二五時間後には被害者を無事救出するとともに元警察官の犯人一名を逮捕し、残る一名を指名手配した（同月一四日、秩父定峰峠で排ガス自殺遺体で発見）。

一一月二六日には、三人組の犯人グループが旧・富士銀行東京事務センターに勤務する男性行員（当時三七歳）を帰宅途中に誘拐し、丸の内署管内の本店等に身代金三億円を要求する事件が発生したが、発生から約七七時間のうちに三名の被疑者を立て続けに逮捕し、被害者も無事に救出した。

　この好結果に、刑事部内には上昇ムードが溢れたが、この医師誘拐事件だけは様相が違った。

　平成四年一月二一日夜、犯人グループに連れ去られた外科医師（当時五八歳）は、翌二二日午後九時過ぎ、妻が持参した身代金三〇〇〇万円と引き換えに自宅近くで解放されて帰宅した。水も漏らさぬ厳戒態勢を敷いたにもかかわらず、警視庁がその夜のうちに確保できた犯人は一名だけで、残りの犯人には逃走された。

　被害者は無事保護したものの、身代金を奪われ、その上犯人も取り逃がした警視庁の失態をメディアは厳しく叩いた。犯人の中には、その後、大阪市内からパトカーとカーチェイスを繰り広げた挙げ句、尼崎市内で警察と銃撃戦となり、民家に籠城する者も現れる始末だった。

　警視庁刑事部は事案の重大性にかんがみて、主犯格の早期逮捕を管下に厳命し、事件に関する情報は、いかに些細《ささい》なものであっても強力な布陣で対応させた。最終的に、二月二五日、新宿区内のサウナで従業員の通報により主犯格を逮捕するに至ったが、逮捕者は計七名にものぼった。

結局、二月一四日早朝に私たちが目当てにしていた人物は主犯格とは別人と判明し、張り詰めた緊張感は疲労と落胆に変わり、昼前には拠点の世田谷分駐所に引き上げた。

それから間もなく、分駐所の電話が鳴った。隊本部連絡係から特別捜査本部への派遣指示だった。

「今日未明、東村山署の旭が丘派出所（現在は「交番」）で勤務中の警察官が刺殺されて拳銃を奪われた。東村山署に特別捜査本部が設置されたので、当隊からも五名の捜査員を派遣することになった。すぐに東村山署に行ってくれ」

警視庁には、第一から第三まで三つの機動捜査隊がある。

各機動捜査隊は、担当区域内で特別捜査本部が設置されると、すぐにお声がかかる。本来、東村山署管内の発生事件ならば、多摩地区全域を担当する「三機捜」から二名程度の隊員が派遣されるのが通例だが、「警察官殺害」、「実包装塡の拳銃強奪」という稀有《けう》な重大凶悪事件だったこともあり、一機捜と二機捜から各五名、三機捜から二〇名の隊員が派遣されるという異例の規模の体制が敷かれた。

私は派遣指示を受けると、昂《たか》ぶる気持ちを抑えながら荷物をまとめ、「一ヵ月くらいで戻れると思うから」と同僚に気軽に声をかけて急ぎ東村山署に向かった。

東村山は私にとって土地鑑があり情報網も整っていた。そのため、このときは検挙に結び付く情報を得ることができるかもしれないという淡い期待を抱いていた。しかし、これを最後に、私は二度と世田谷分駐所に復帰することはなかった。まして、この特別捜査本部派遣が、これから始まる壮大な戦いのプロローグになろうとは、もちろん予想することもなかった。

## 警察官殺害犯を追え！

事件は、平成四年二月一四日午前三時一三〜一四分ころ、清瀬市旭が丘に所在する派出所で発生した。

前日の一三日午後三時から当番勤務に就いた大越晴美巡査長（当時四二歳）と浅井智樹巡査（仮名、当時二七歳）は、本署の東村山署で警ら課（現在は「地域課」）の担当係長から勤務指示を受けると、午後四時ころには旭が丘派出所の勤務に入った。

大越巡査長は本来、西武池袋線秋津駅前派出所の勤務だったが、この日は旭が丘派出所勤務の巡査部長が定年退職を控えて休暇を取っており、その代わりに勤務に就いていた。

二人は、被害届の受理、駐車違反の取り締まり、交通物件事故の処理、拾得物の取り扱い等、通常と変わらない勤務をしていた。

この日は静かな夜だったが、午後一一時一六分、「清瀬第九小学校（同校は平成一四年三月末日閉校した）に不審者侵入」を知らせる一一〇番通報が警備会社を経由して入った。現場の小学校は、旭が丘派出所の担当区内に所在したため、浅井巡査は素早く臨場して小学校内外を捜した結果、窃盗《せっとう》目的で侵入していた二一歳の大学生を発見し、建造物侵入の犯人として現行犯逮捕した。浅井巡査は、間もなく到着したパトカーに犯人を乗せて東村山署に連行し、刑事課の当直員に引き継いで関係書類の作成に取りかかった。

この間、一人で勤務することになった大越巡査長は、一四日午前零時過ぎ、派出所前の交差点で発生した交通物件事故を処理している。その後、浅井巡査から、逮捕の手続きに時間がかかり派出所に戻るのが遅れる旨の電話を受けている。時間としては、午前二時三〇分ころである。続いて、午前二時五〇分ころには、同僚のパトカー乗務員から、浅井巡査の所在を尋ねる電話を受けている。

それから間もなくして事件は発生するが、目撃情報を総合すると、犯人は警察官に道を尋ねるふりをして派出所を訪れ、応対した大越巡査長の隙をついて隠し持っていたナイフで刺した上、着装していた実包装填の拳銃を強奪したことが分かってきた。
時間的経過は次のとおりである。

**午前三時〇六分　新聞配達員が派出所横の歩道に立つ大越巡査長を目撃**

**午前三時一二分　自動車を運転中の女性が派出所前交差点で赤信号のため停車したとき、派出所内で大越巡査長が身長一七五センチくらいで黒色ジャンパーを着た男と相対している状況を目撃**

**午前三時一五分　貨物車を運転中の男性が派出所前交差点で赤信号のため停車したとき、派出所窓ガラスが大きく割れている状況を目撃**

**午前三時一八分　新聞配達員が派出所内で倒れている大越巡査長を発見し、拳銃が強奪されていることが発覚**

小平市内の公立昭和病院に収容された大越巡査長は、懸命な治療の甲斐なく、殉職を遂げた。
解剖の結果、死因は、「左側頸部刺創に基づく左頸動静脈損傷による失血死」と判明し、凶器は小型のナイフと考えられた。また、右腰に着装していた回転弾倉式拳銃は、右肩から掛けていた拳銃吊り紐が切断されて、拳銃サックごと強奪されていた。わずか数分間の犯行だった。

東村山署では、昭和五一年一〇月一八日にも派出所勤務の警察官が殺害される事件が発生していた。その日午前二時二〇分ころ、東村山市萩山町に所在する八坂派出所で勤務中の蓼沼《たでぬま》定雄巡査部長（当時五五歳、殉職後に警部に昇進）は、不審者徘徊《はいかい》の届け出を受けて現場に向かう途中、派出所に届け出た男（同五一歳）に、隠し持っていた鉄製角棒で三〇回以上殴打された後、胸部をナイフで刺されて殺害された。ただし、この事件の犯人は、駆け付けた近所の会社員によってその場で取り押さえられた。昭和五二年一一月一八日、東京地方裁判所八王子支部は男に死刑判決を言い渡した。その後、高裁、最高裁とも上訴を棄却し、平成七年五月二六日、男の死刑が執行された。動機は、住宅購入資金を得る目的で政治家の子女の誘拐を企図《きと》し、犯行道具として拳銃と警察手帳を強奪するためだった。

東村山署には、こうした勤務中の警察官が殺害される歴史的な因縁があった。それも今度は、実包装塡の拳銃が強奪され、犯人は逃走中である。この拳銃を悪用した第二の犯行が懸念された。

全国警察が厳戒態勢に入る情勢下、警視庁は、事件発覚と同時に東村山署に特別捜査本部を設置し、殺人事件の捜査を担当する捜査第一課から、二係、三係、七係、九係と四つの〝殺しの係〟を投入した。さらに、多摩地区全警察署から捜査員を招集し、総勢二〇〇名からなる大捜査がスタートしたのである。

## 捜査第一課へ

この特別捜査本部では、毎日午前八時三〇分から捜査員が一堂に会して捜査会議が開かれた。

情報の共有のため各捜査員から前日の捜査結果の報告がなされたが、捜査方法や報告内容が悪いと、捜査第一課の管理官、理事官、課長等の捜査幹部が容赦なく叱責した。会議の場は自ずと緊張感が張り詰めた。ひと通り捜査員からの報告が終わると、捜査全般を統括するデスク部門から各捜査員に任務が付与され、それぞれの捜査に散っていった。

デスク部門は、事件全体の掌握、刑事部幹部に対する報告、検察庁等の関係機関との連携、捜査員個々に対する任務付与、捜査資料の作成等、多岐にわたる業務を円滑にこなさなければならないため、自ずと管理官、係長等の捜査幹部やベテラン捜査員で構成され、総勢一〇名程度が業務に従事していた。

捜査員たちは、現場で有力情報を得ると、このデスク部門に速報して、次の指示を受けることになっており、独断専行で捜査を進めることは御法度だった。

特に、事件発生から一ヵ月程度は、午後九時から夜の捜査会議が開かれ、捜査に進展のあった捜査員は捜査結果を報告するように求められていた。それとは別に、捜査方法や捜査内容が劣る捜査員には再捜査が命じられ、夜の会議の場から現場に戻され、翌朝の捜査会議の開始までに何がしかの結果を得て戻って来なければならなかった。

機捜隊員や多摩地区各署から招集された捜査員たちは連日、捜査の厳しさを叩き込まれた。まさに必死の日々だった。それを横目に、重要凶悪事件の捜査に長《た》けた捜査第一課員は、帰宅する考えなど毛頭なく、当分の間は東村山署に泊まり込むことを決め込んで、二四時間態勢で捜査に没頭していた。

連日、過酷な捜査が続いていたが、犯人逮捕には結び付かなかった。ただ、幸いなことに第二の犯行は起きなかった。強奪した拳銃を悪用した殺人、強盗、誘拐等の凶悪事件の発生が懸念されていたが、結局、いま現在もこの拳銃が悪用された形跡はなく、奪われた拳銃も発見されていない。

【警視庁本部と刑事部　組織図（平成四年当時）】

- 総務部
- 警務部
- 交通部
- 警備部
- 警ら部
- 公安部
- **刑事部**
  - 刑事総務課
  - 捜査第一課
  - 捜査第二課
  - 捜査第三課
  - 捜査第四課
  - 暴力団対策課（平成四年二月設置）
  - 捜査共助課
  - 国際捜査課
  - 鑑識課
  - 科学捜査研究所
  - 第一機動捜査隊（23区内東側地域）
  - 第二機動捜査隊（23区内西側地域）
  - 第三機動捜査隊（多摩地区全域）
- 防犯部
- 警察学校
- 方面本部

【警視庁役職と階級】

| 役職 | 階級 |
|---|---|
| 部長 | 警視監 |
| 参事官 | 警視長、警視正 |
| 課長 | 警視正、警視 |
| 係長 | 警部 |
| 主任 | 警部補 |
| 係員 | 巡査部長、巡査長、巡査 |

犯人は何の目的で警察官を殺害してまで拳銃を強奪したのか、謎は深まるばかりだった。容疑性のある者が浮上してはアリバイ等で消えていく日々が続いていた。有力な情報が得られないまま事件発生から二ヵ月が過ぎ、四月末には捜査態勢を縮小し、半年が経ったころには五〇名程度の体制になっていた。

私は、特別捜査本部の体制が縮小するたびに、任務を解除されて二機捜世田谷分駐所へ復帰することをかすかに期待していた。是が非でも犯人を検挙しなければという使命感とは裏腹に、苦しい捜査から逃れたいという弱い気持ちもどこかに残っていた。

しかし、事件の根幹部分の捜査に携わっていたこともあり、それは叶わなかった。それどころか、事件発生から一年後の平成五年春には、特別捜査本部の最終責任を担う捜査第一課に異動となり、以後、継続してこの事件の捜査に従事することになったのである。このころには捜査体制も三〇名程度となり、各捜査員は初動捜査で得た資料を見直す地道な捜査を進めていた。

こうした中、平成五年夏、大越巡査長（殉職後に警部補に昇進）の長男が病で亡くなる悲劇が起きた。大越家は、昭島市内で家族四人の幸せな日々を送っていた。ところが、父親に続き長男までもが亡くなり、遺された家族は悲しみに暮れた。

特別捜査本部に組み込まれていた浅井巡査もまた、犯人検挙に至らない焦燥感からか、感情を露《あらわ》にして捜査の強化を訴えていた。浅井巡査の気持ちは、捜査員たちも痛いほど分かっていた。

殉職した大越巡査長の無念、遺された家族の哀切、事件発生当時派出所を離れていた浅井巡査の思いに報いるためにも、犯人を検挙して強奪された拳銃を回収しなければならなかった。捜査員たちは計り知れない重圧がのしかかる中で意見をぶつけ合い、様々な手法を駆使した捜査を展開したが、一向に成果が得られない苦難の日々が続いていた。

そうした中、平成七年三月二〇日、オウム真理教団による地下鉄サリン事件が発生したのである。

## 「霞が関」を狙った教団

平成七年三月二〇日、この日も東村山署特別捜査本部では、いつもどおり朝の捜査会議が行われ、係長（警部）の指示が終わると、各捜査員はそれぞれの捜査に出掛けていった。

この日は、係長の参謀役として、特別捜査本部を仕切るデスク主任が不在だった。前日一九日の夕方から、千代田区霞が関の警視庁本部庁舎内で、宿直勤務に就いていたのだ。夜間に発生する重要事件に対応するため、月に一度くらいの割合で回ってくるこの宿直勤務は、翌朝午前八時三〇分に終わると、その後は各捜査本部に戻って捜査に従事しなければならない過酷なものだった。

通常、宿直勤務が終わるころになると、「これから捜査本部に戻ります」などと電話連絡が入るが、この日は何の連絡もなかった。すると、午前九時過ぎになって、当直明けのデスク主任からにわかには理解しがたい電話が入った。

「オウム真理教が地下鉄にサリンを撒《ま》いたから地下鉄が動いていない。東村山に戻るのが遅れる」

電話を受けた東村山署ではまだ事態の詳細が分かっていなかったが、都心ではまさに、霞ヶ関駅を通る複数の地下鉄車内で化学兵器のサリンが撒かれて大混乱になっていた。

死者一三人、負傷者約六三〇〇人を出す未曾有のテロ事件「地下鉄駅構内毒物使用多数殺人事件」である。

オウム真理教は、昭和五九年二月、麻原彰晃（本名・松本智津夫）が「オウム神仙の会」として設立したヨーガ教室に始まり、昭和六二年七月、「オウム真理教」に改称すると、静岡県富士宮市に富士山総本部道場を開設し、続いて山梨県上九一色《かみくいしき》村(現在の富士河口湖町)に教団施設を次々と建設して勢力を拡大した。

平成元年八月には、東京都から宗教法人として認証を受けるが、その一方では、オウム真理教に入信した子供を持つ親たちが、子供を救出するために、「オウム真理教被害者の会」を設立し、その交渉役を務めたのが坂本堤弁護士だった。平成元年一一月四日未明、その坂本弁護士が妻子とともに横浜市磯子区の自宅から忽然《こつぜん》と姿を消してしまい、オウム真理教の関与が疑われていた。また、平成二年二月の第三九回衆議院議員総選挙では、真理党として麻原以下二五名のオウム真理教幹部らが立候補したが、全員が落選し、資金的にも大損害を被った。麻原は、選挙結果を票の操作をした国家による陰謀と捉え、以後、「対国家戦略」にシフトしていった。熊本県波野村(現在の阿蘇市)、ロシアへ進出する一方、教団に抵抗する勢力を強硬手段をもって排除して、教団内は、擬似国家のように省庁制を取り体制を強化していった。

こうした中、平成六年六月二七日、長野県松本市内では、化学兵器のサリンを使用した事件が発生し、死者八人、重軽傷者六六〇人に及ぶ被害を出したが、この事件の犯人は、地下鉄サリン事件が発生した時点では未だ逮捕に至っていなかった。この平和な日本で、想像すらできなかった化学兵器によるテロ事件が、実際に連続して発生してしまった。

もっとも、その背後では、

○平成六年五月九日、甲府地裁駐車場における弁護士使用車に対するサリン流入殺人未遂事件

○平成六年一二月二日、オウム真理教から逃げ出した知人をかくまった東京都中野区居住の駐車場経営者に対するVX使用殺人未遂事件

○平成六年一二月一二日、オウム真理教のダミーサークルに入会していた大阪市居住の会社員を公安警察のスパイと決め付けて実行したVX使用殺人事件

○平成七年元日、「サリン残留物を検出　山梨の山ろく『松本事件』直後」など、オウム真理教関連施設周辺で警察がサリン残留物を検出したという読売新聞の記事

○平成七年一月四日、東京都港区居住の「オウム真理教被害者の会」会長に対するVX使用殺人未遂事件

○平成七年二月二八日、オウム真理教から逃げ出した実妹をかくまった目黒公証

## 役場事務長に対する逮捕監禁致死事件

など、オウム真理教や化学兵器の脅威が日に日に増していた。こうした顕著な予兆があるにもかかわらず、それに対する有効な手立てが遅滞していた中、通勤ラッシュの地下鉄車内で、無差別にサリンが撒かれたのである。

もはや、一刻の猶予も許されない。緊迫した情勢下、警視庁はオウム真理教に対する大規模な捜査を仕掛けるものと予測された。その捜査には捜査第一課員の多くが投入され、東村山署特捜本部も例外ではないと考えられた。案の定、三月二一日、東村山署特捜本部はオウム真理教関連施設に対する捜索差押えに向けた準備に入った。その日の夕刻、私は各機動隊で出動準備をしていた捜査員に何通もの捜索差押許可状を配付した。

捜索差押許可状には、「捜索すべき場所」、「差し押さえるべき物」、「犯罪事実の要旨」が記載されているが、「捜索すべき場所」に記載された「サティアン」という言葉の意味が、私は分からなかった。

「サティアンとは、どういう意味ですか」

「真理という意味らしいよ」

と周りの幹部に教えられた。

「これから真理を捜索に行くのですか」

と私がバカな質問をすると、「オウム真理教の教団施設のことをサティアンと呼ぶ」と別の幹部が答えた。他事件の捜査を担当する捜査員には、そのくらいオウム真理教に関する知識が不足していた。

宗教団体を対象とするのならば、「差し押さえるべき物」には、「信者名簿、経典、教本、金銭出納帳」等が記載してあるはずだが、その代わりに多数の化学薬品の名称が列記されていた。「犯罪事実の要旨」には、目黒公証役場事務長拉致事件の犯罪事実が記載されていた。つまり、この捜索差押えは、目黒公証役場事務長拉致事件が、オウム真理教団による犯行であることを立証するためのものだった。

## カナリアと警察官

平成七年三月二一日夜、東村山署特捜本部に従事中の捜査第一課員は市谷にある特科車両隊（機動隊）に招集され、陸上自衛隊から借用した迷彩色の防護服に袖を通し、これまで経験したことのない緊張を感じながら大型バスに乗り込んだ。

その中に、カナリアが入った鳥かごを持つ者がいた。カナリアは空気汚染や有毒ガスに敏感で、かつては炭鉱の作業にも重宝され、無臭の化学兵器サリンを保有するはずのオウム真理教団の捜索には、捜査員の安全を確保するためにもカナリアの能力が必要だった。

〝これからいったい何が起きるのだろう〟私たちは、言いようのない不安を感じつつ、三月二二日未明、勇躍、中央自動車道の河口湖インターから山梨県西八代《やつしろ》郡上九一色村の第二サティアンを目指した。現場に到着すると、すでに多くの報道陣がカメラを構えてスタンバイ状態だったが、それ以上に捜索差押えに駆り出された刑事部、生活安全部、公安部等の捜査員の数に驚かされた。

私たちの部隊は、無数のフラッシュの中、第二、第三、第五サティアンが所在する「第一上九」と呼ばれる場所の入口前に到着すると、オウム真理教団の責任者を呼び出した。令状を提示して、捜索すべき場所や差し押さえるべき物を明らかにした上で、捜索差押えの立ち会いを要請するためである。

そこに現れたのは、土砂で汚れたスーツを着たオウム真理教法務省大臣だった。

この部隊の責任者を務めていた第三機動捜査隊長が捜索差押許可状を提示し、その傍らで捜査第一課係長が内容を説明すると、しばらく法務省大臣らは無用な抗弁をしていたが、私たちはそれを圧倒して第一上九の敷地内に足を踏み入れた。

目指すは敷地奥にある第二サティアンである。しかし、警察による捜索を予期していたのか、すべての扉が施錠されていた。その中でも、少しだけ隙間のある大扉があった。私は、捜査員たちに指示して扉を力いっぱい引いてもらい、その隙間から建物内に体を滑り込ませた。内側から解錠して捜査員を招き入れるためである。

ところが、施設内の異様な光景に私は度肝を抜かれてしまった。白色上下の服をまとった多くの若者たちが、マントラを唱えながら瞑想しているのである。ある者は頭にヘッドギア（ＰＳＩ）をかぶり、ある者は書物を読んで唱えているかと思えば、シヴァ神が掲げられた大広間では一心不乱に立位礼拝をしている者もいる。彼らは施設内に入って来た私のことなどまったく意に介さない。不気味だ。施設外に信者はいなかったが、施設内にはたくさんの信者が集っていた。私は慌てて内鍵を解錠して捜査員を施設内に招き入れた。

捜査員たちもこの光景を目の当たりにして一瞬たじろいだが、任務を遂行しなければならない。私たちは手分けをして捜索差押えに着手した。しかし、差し押さえるべき物はなかなか発見できなかった。施設は広く、隅々まで捜索することは一日だけではとても無理だった。

捜索は夕刻にいったん中断し、プレハブ造りの研究施設クシティガルバ棟や出家信者の居住棟となっている第一〇サティアンを視察して輸送用のバスに戻った。

クシティガルバ棟を視察したとき、帯同した科学捜査研究所の女性研究員が、「バイオテクノロジーの研究をしているようね」と漏らした言葉が耳に残った。〝サリンの生成ではないのか〟のちに分かることだが、まさにこのクシティガルバ棟と隣接する研究施設ジーヴァカ棟、そしてその直近の第七サティアンでサリンを生成していたのである。しかし、捜索の時点では、化学兵器にまつわる文献や資料は、すでに隠匿されたあとだった。

私たちはバスに戻って仮眠し、翌朝の捜索再開に備えた。まだ肌寒い時期、バスの硬い椅子に座った状態ではなかなか寝付けない。だからといって、気晴らしに車外に出れば、記者たちが待ち構えている。バスから出るのは、トイレに行くときだけである。捜査員を乗せた何台ものバスが上九一色村から移動しないため、報道陣も引き上げるわけにもいかず、ともに寒い夜を過ごしていた。

翌朝、私たちは第二サティアンの残りの部分の捜索をした後、第三、第五サティアンの捜索を支援すると、いったん帰京した。翌二四日には、捜索差押え用機材をあらためて整え、再び上九一色村に戻った。途中、中央自動車道の談合坂サービスエリアで休憩をとった。迷彩色の防護服姿の私たちは、報道を目にしたのであろう多くの市民の方々から注目されていた。中には、「頑張ってください」と言ってお菓子や饅頭を差し入れてくれるご老人や子供たちがいた。

ありがたかった。嬉しかった。「この人たちのためにも職務をまっとうしなければならない。期待に応えなければならない」という強い使命感が湧き、目頭が熱くなった。

## 日本警察の一番長い日

連日、静岡県富士宮市にあるオウム真理教富士山総本部道場や山梨県上九一色村にある教団の各施設を始めとして、全国規模でオウム真理教団の関連施設に対する不断の捜索差押えや検証が続いていた。

こうした作業を実施した際には、その経過を明らかにして証拠を保全する上で関係書類を作成しなければならない。そのため、平成七年三月三〇日は、関連施設の捜索を一時中断して、東村山署特別捜査本部にて、これまで溜め込んでいた捜査書類の作成に取り掛かることが許された。

　すると、朝の会議が始まって間もなく至急報が入った。

「警察庁長官が撃たれた」

　電話を受けた係長が驚いた表情で、「おい、長官が撃たれたらしいぞ」と会議の場にいた捜査員たちに叫んだ。

「オウムの奴ら、酷いことをするなぁ」私は即座に憎しみを覚えると同時に、「これから警察とオウム真理教は全面対決になるぞ」という覚悟と、「これ以上、オウムに人殺しはさせない」という闘争心が生まれていた。この当時の情勢からすれば、警察職員であれば、だれもが私と同じことを考えていたはずである。

　続いて捜査第一課から指示が入った。

「各特捜本部の捜査員は全員待機しろ」

　私は、〝外出はせずにいつでも出動できる準備をして次の指示を待て〟という意味と理解して、落ち着かない気持ちを抑えながら、捜索差押調書等の関係書類の作成を始めていた。

　しばらくすると次の指示が入った。

「各特捜本部は現任務を続行せよ。ただし、常に連絡が取れる態勢でいろ」

【警視庁本部と公安部　組織図（平成七年当時）】

- 総務部
- 警務部
- 交通部
- 警備部
- 地域部
- 公安部
  - 公安総務課
  - 公安第一課
  - 公安第二課
  - 公安第三課
  - 公安第四課
  - 外事第一課
  - 外事第二課
  - 公安機動捜査隊
- 刑事部
- 生活安全部（平成七年一月改称）
- 警察学校
- 方面本部

私は、招集を免れてホッとする反面、警察庁長官が狙撃されたことで特別捜査本部が設置され、殺人犯捜査を担当する捜査第一課が当然捜査を担当するものと推察した。しかし、ほとんどの課員がオウム真理教関連施設の捜索差押えや検証に従事している。いったいどこの係が捜査を担当するのだろう。

すると、同日、南千住警察署には、公安部が主体となって捜査をする「警察庁長官狙撃事件特別捜査本部」が設置され、刑事部各課からは支援の捜査員が派遣されることになったのだ。私の直感を裏切る予想外の事態となった。

私は、この事件もオウム真理教信者の犯行だろうから、時間の経過とともに事件に関わった信者たちが供述を始め、早い段階で犯人を検挙できるものと、この時点では予想していた。

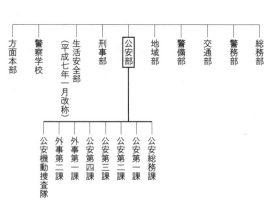

このころ、文京区内の日本医科大学付属病院高度救命救急センターでは、瀕死の重傷を負った國松孝次警察庁長官に対する医師団の懸命な治療が続いていた。六時間にも及ぶ緊急手術の結果、警察庁長官は一命を取り留めたものの、予断を許さない状態が続いた。

## 357マグナムの破壊力

この狙撃事件から間もなくして、テレビ朝日に一本の電話が入った。

「あの～、オウムに対する捜査は止めろってこと。そうしないと、國松孝次《クニマツタカツグ》、それに続いて井上、大森は怪我しますからね」

井上とは「井上幸彦警視総監」のことであり、大森とは「大森義夫内閣情報調査室長」のこととみられた。ただ、この電話の主は、本来、警察庁長官の氏名は「クニマツタカジ」のところ、「クニマツタカツグ」と言っていることから、警察庁長官のことを詳しく知らない人物と見られた。しかし、この不審電話は、時期的な背景から、オウム真理教団による犯行声明であり、あわせて新たな犯行予告と受け取られ、警察庁長官狙撃事件もまた、オウム真理教団による組織的なテロ事件と疑うには十分なも

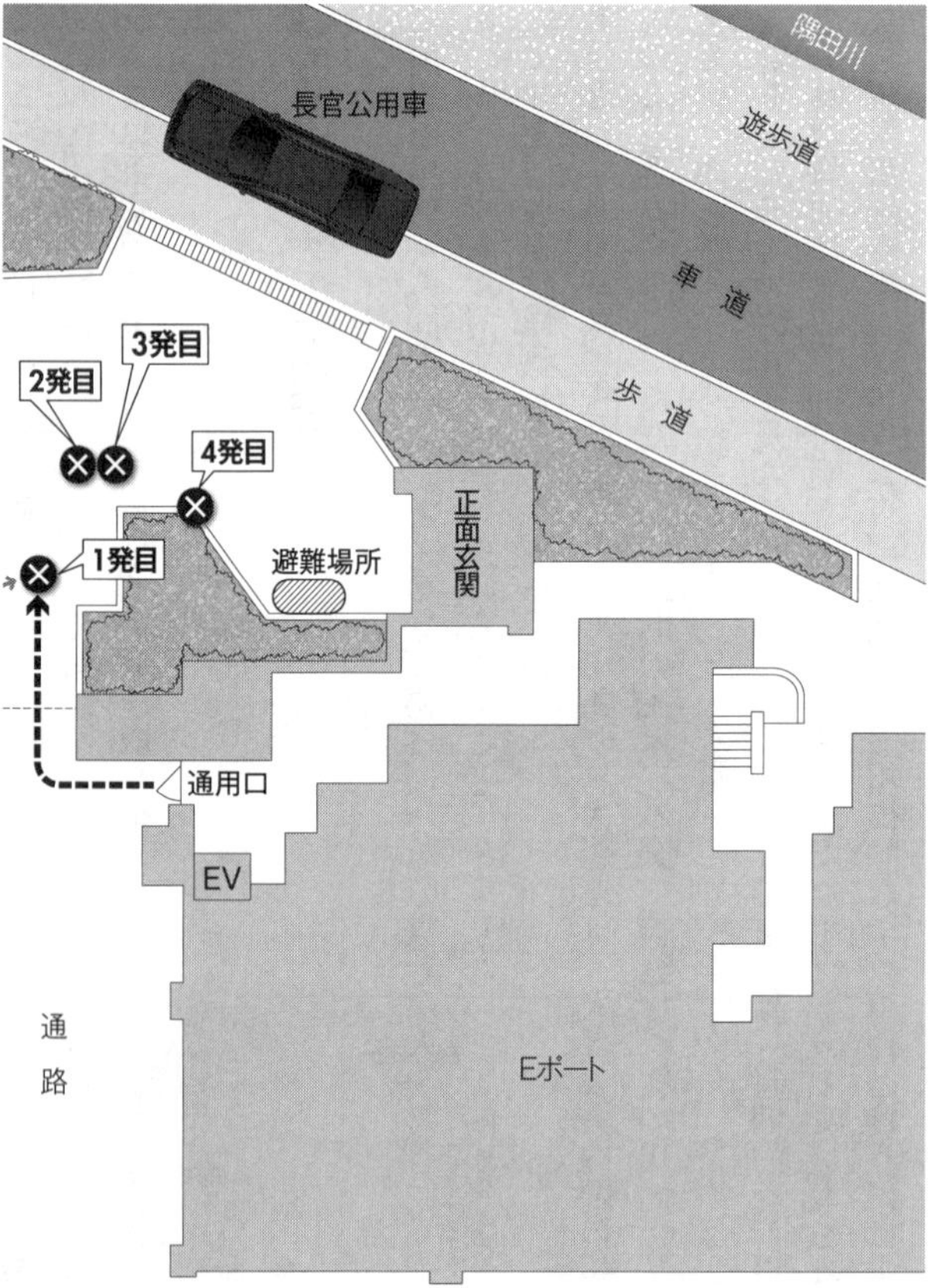
隅田川
長官公用車
遊歩道
車道
歩道
3発目
2発目
4発目
正面玄関
避難場所
1発目
通用口
EV
通路
Eポート

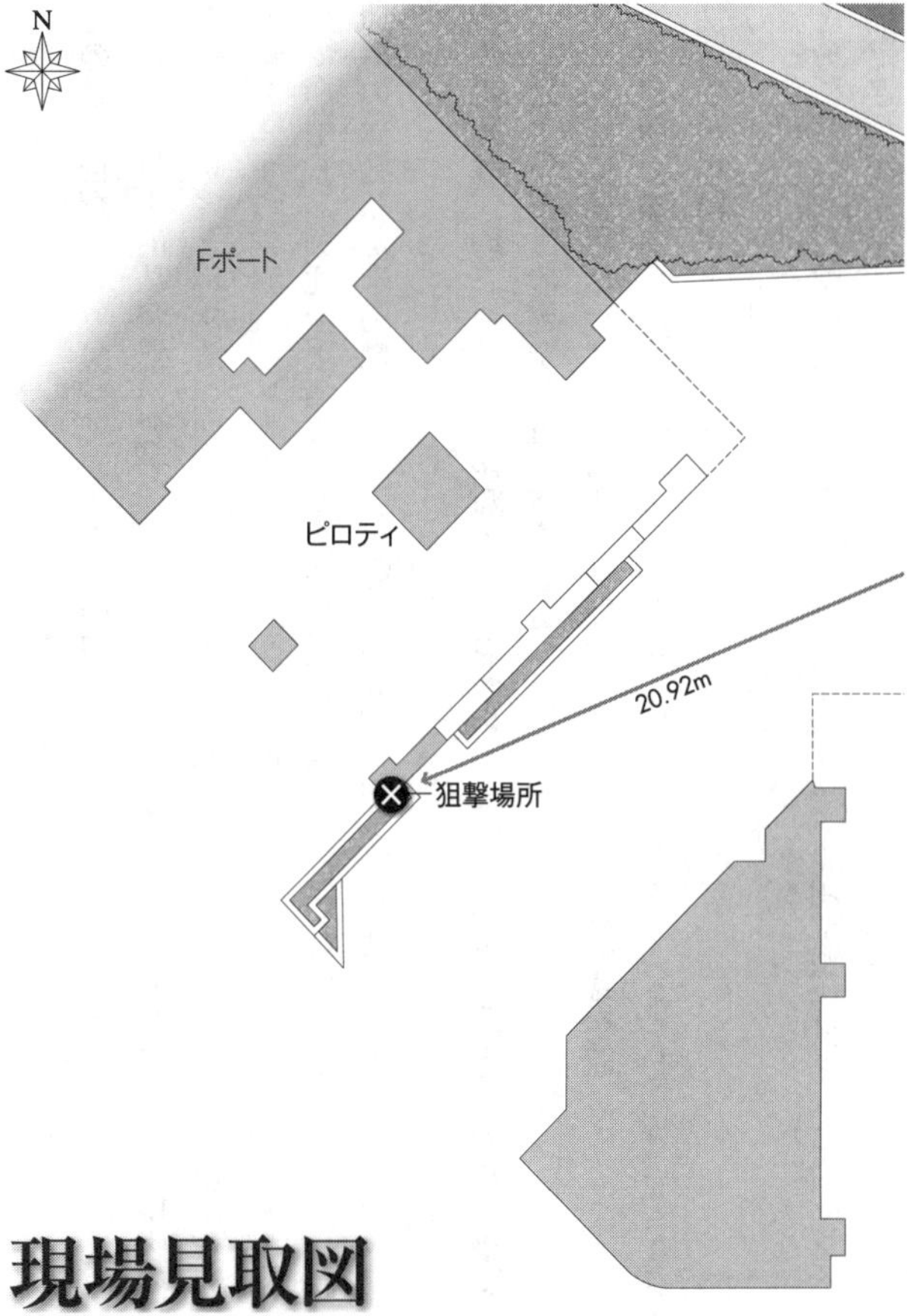


# 現場見取図

のとなった。

その後の捜査から分かってきた事件の概要は、次の通りである。

「三月三〇日午前八時三一分ころ、國松孝次警察庁長官が、私邸である荒川区南千住のアクロシティと称するマンションのEポートから出勤するため、通用口から秘書官と共に公用車に向かっていたところ、背後から四発の銃撃を受け、そのうち三発が背中等に命中し、瀕死の重傷を負った。犯人は自転車でいずれかへ逃走した」

連日の徹底した現場検証、放置自転車の回収、聞き込み捜査等が進むにつれ、

○ 犯人は、約二一メートル離れた地点から、歩いている人間を背後から確実に狙撃するだけの射撃技量を有する者
○ 犯行に使用した銃は、コルト社製のパイソン型の長銃身拳銃
○ 犯行に使用した実包は、フェデラル社製の357マグナム仕様のナイクラッド・ホローポイント弾

と分析され、目撃供述から、犯人は一人で、三〇～四〇歳、身長一七〇センチ以上と推定された。

1995年、事件発生後の南千住アクロシティEポート玄関付近

この犯行に使用されたパイソンは、コルト社が誇る命中精度の高い拳銃で、また、犯行に使用された357マグナム・ナイクラッド・ホローポイント弾ともなれば、大容量の火薬、ナイロンコーティングされた弾頭、命中すると弾頭部分がマッシュルーム状に変形して大きなダメージを与える特徴など、いずれも、日本国内では犯罪に使用された例が稀有なものであった。

そして、犯人が狙撃した地点には、朝鮮人民軍記章（バッジ）が遺留され、少し離れたFポートのピロティ内には、韓国一〇ウォン硬貨（コイン）が何かを物語るように遺留されていた。いったい何の目的で犯人はこれらの物を遺留したのであろうか。

様々な憶測が飛び交ったが、その鍵を解

くには犯人を検挙する以外になかった。

果たしてオウム真理教関係者の中に、こうした条件を充たすだけの信者はいるのだろうか。あるいは、オウム真理教団の教義上、第三者のスナイパーに暗殺を依頼することがあるのだろうかなど、捜査対象者を浮上させる捜査が続いた。

一方、事件当日朝、警察庁長官を公用車で迎えに来た秘書官と運転担当者の証言を総括すると、次のようになる。

「三月三〇日午前八時〇五分ころ、Bポート横に到着した。ここで待機する理由は、時間調整もあるが、Eポート前が駐車禁止だったからである。午前八時一五分ころ、南千住署警備係長が到着し、前日、オウム真理教信者が周辺でビラを撒いたことの説明を受けた。午前八時二〇分になり、Bポート横からEポート玄関方向へ長官公用車を移動させた。二日前に公用車が替わり、リアウィンドウにカーテンが付いたことや当日は雨で窓ガラスが曇っていたこともあり、周囲の様子は分からなかった。午前八時二五分ころ、秘書官がEポート玄関内の集合郵便ポストを点検してまた公用車に戻った。

午前八時三〇分、秘書官が玄関から長官の部屋のインターホンを押した。毎朝、インターホンを押す前にFポートやEポートを点検していたが、この日は手順が逆になった。

秘書官がインターホンを押して長官に連絡してからEポート内を点検していたところ、長官がエレベーターで一階に降りて来たので、そのまま通用口から一緒に出た。秘書官が長官に傘を差し掛けて歩き出すと、突然、ドーンと一発目の衝撃音が響いた。アクロシティ内で工事をやっていて、鉄板でも落ちたかと思ったが、長官が前のめりに倒れ込んだ。

このとき、何が起きたか分からなかったが、すぐに二発目を撃ち込まれ、長官が撃たれたことが分かった。秘書官が倒れた長官に覆いかぶさるようにしたが、隠すことができなかった下腹部付近に犯人は三発目を撃ち込んできた。一発目から三発目までは二、三秒の間隔だった。

とっさに植込みの陰に長官を引きずり込み、少し間隔があいてから四発目が撃ち込まれた。四発目は外れたが、犯人の腕前は相当なものだった。三発目を撃ち込まれたとき、運転担当者がFポートの壁から三〇センチくらいの黒色銃身が出ているのを見た。しかし、犯人の姿は見なかった」

この突然の出来事から、警察庁長官が狙撃された後は、救護や通報に追われ、犯人の動きを目撃できる状況ではなかった。まして、付近を検索して、犯人を検挙できる状態でもなかった。

二人は、狙撃事件前、犯人の下見等の兆候には気付かなかったのであろうか。このことについて、秘書官は語っている。

「三月二三日か二四日、國松長官出発前、アクロシティの住人とは思えない風体の男がEポートを点検中の私を注視していた。この男は、五〇～六〇歳代、身長一六〇センチくらい、メガネ、黒っぽいコート、黒っぽいショルダーバッグ姿だった」

また、運転担当者は、次のように語っている。

「三月二四日ころ、秘書官がEポート内の点検に入ると、Fポートの狙撃地点付近に現れ、秘書官がEポートから出て来ると姿を隠す男がいた」

やはり、普段とは違う兆候があった。警備に就く南千住署の警察官は毎朝替わる。しかし、オウム真理教に対して大規模な捜査を展開している情勢を理解し、警戒心を持って警備に就いていたならば、狙撃は防ぐことができたのかもしれない。あるいは、凄腕のスナイパーによって、警備の警察官もまた、格好の標的になっただけかもしれない。

事件から二ヵ月半が過ぎた六月一五日、回復した國松警察庁長官が、病院から警察庁に登庁する姿がテレビ画面に流れた。杖を突いての歩行だったが、顔色からも表情からも元気になられた様子が窺え、だれもが安堵した。

## 教祖の隠れ穴

警察庁長官狙撃事件の捜査に従事しなかった私たち殺人犯捜査係は、引き続きオウム真理教団の関連施設に対する捜索差押えと検証の任務に就き、富士宮市や上九一色村の教団施設から新たに山梨県南巨摩《こま》郡の教団施設「富士清流精舎」にも足を延ばしていた。

ゴールの見えない捜索差押えや検証の連続で、帰宅することも許されない日々のため、実は、帽子や迷彩服に家族だけが分かる目印を付け、テレビ画面を通じて安否を知らせていた。

オウム真理教団の施設に対する捜索や検証状況がテレビ中継されることを利用して、「夫はここで無事にしている」、「おとうさんは元気にオウムと戦っている」とテレビを通して妻子に伝えていた。各施設を捜索する際は、私も現場のリーダーを務めていたため、捜索に従事する捜査員から一目で所在が分かるように、有名スポーツメーカーのロゴが入ったエンジ色の帽子をかぶっていた。この帽子は、捜査員に対する目印であると同時に、家族に無事を知らせるシグナルにもなっていた。このころはまだ、スマホのアプリを利用して、家族や友人と簡単に連絡が取れる時代ではなかった。

こうした厳しい環境下でも、四月中には、教団の治療省大臣の林郁夫、自治省大臣の新実智光、建設省大臣の早川紀代秀や防衛庁長官らの幹部信者が逮捕され、四月二三日には、港区南青山のオウム真理教東京総本部前で科学技術省大臣の村井秀夫が刺殺される事件が発生した。

何より私たちは、自分たちが発見できなかった第一厚生省大臣の遠藤誠一と第二厚生省大臣の土谷正実が、四月二六日、第二サティアンの秘密の地下室で発見・逮捕されたことに地団駄を踏んだ。

実は、第二サティアンの入口には、下駄箱をスライドさせると地下につながる階段があったが、三月二二日の捜索初日、私たちはその存在に気が付いていなかった。この地下室にサリンやVXガス等の化学兵器の生成に携わった中心人物、遠藤誠一と土谷正実が隠れていたのである。五月に入ってからも、諜報省長官の井上嘉浩、科学技術省次官の豊田亨、法務省大臣らの幹部信者が次々と逮捕されていった。

そうした中、教祖の麻原彰晃こと松本智津夫の逮捕が間近に迫ってきていた。

五月一五日、この日も私たちは朝から、上九一色村の教団施設の捜索差押えに従事していた。

昼ころになり、担当上司の係長に連絡が入ったのか、私たちは捜索差押えを早々に切り上げて、帰京するように命じられた。この日は早めに帰宅して家族と共に夕食をとり、一六日午前一時に第六機動隊に再出勤するように指示があった。私も夕方には帰宅して、午前一時前には同僚らと車を乗り合わせて品川区内の第六機動隊の教《きよう》場《じよう》に入った。

教場とは、中学校や高等学校の「教室」をイメージしていただければ理解しやすいと思うが、機動隊員が勉強をしたり、指示を受けたりする場合等に使用する場である。この教場に集められたのは一〇名程度の迷彩服を着た捜査員たちだった。当時、私は三〇代後半だったが、そこに集められた捜査員は、いずれも脂が乗った四〇歳前後の捜査員たちだった。

冒頭、指揮官から檄が飛んだ。

「これから我々は麻原を逮捕に行く。第六サティアンに隠れているという確度の高い情報が入った。相当の抵抗が予想される。サリンやVXガスをかけられるかもしれない。それでも突入して逮捕する」

続いて各自の任務が伝えられた。このとき、私ほか数名に付与された任務は、

「三階建ての第六サティアンの一階部分に滞留する信者を排除し、速やかに二階に集合せよ」

というものであった。無謀な任務かもしれないが、このときは、〝殺されるかもしれない〟という恐怖心はまったくなかった。むしろ、〝よくぞ俺を、麻原教祖の逮捕メンバーに選んでくれた〟という捜査第一課員としての誇りに満ち溢れ、〝殺せるものなら殺してみろ。殺される前に殺してやる〟という血気にはやっていた。その場にいた捜査員は皆、同じ気持ちになっていた。

教場での指示が終わると、真っ暗の中、輸送用のバスに乗り込んだ。私は、連日の捜索で疲労が蓄積していたのか、出発してすぐに寝入ってしまった。バスが朝霧のたちこめる第六サティアン付近に到着し、捜査員が降車する足音でやっと目が覚めるほど熟睡していた。最も遅れてバスから降りた私は、報道各社の猛烈なフラッシュを浴びながら、第六サティアンの裏口に着いた。

このとき、裏口の扉は施錠されていた。扉をノックしても呼びかけても何の反応もない。

この状況に業を煮やしたのか、麻原捜索・逮捕のメンバーではない捜査幹部が横か

ら割って入り、ドアノブを力一杯蹴飛ばした。その瞬間、ノブは破損して落下してしまった。〝何ということをしてくれたのか〟と怒りを感じたが、機動隊員がすかさず電動カッターでドアの蝶番を切断し始めていた。

この間がとても長く感じた。何十分もの時間を費やしたような気がした。第六サティアンの中にいる信者たちが動き回っているのが感じ取れた。ようやくドアが開くと、私たちは建物内部に雪崩《なだ》れ込んだ。

一階部分は厨房と麻原家族の住まいで、一〇名以上の信者が滞留して抵抗したものの、すべてを屋外に退去させた。そして、事前の指示どおり二階に上がったとき、私は階段を上り切った踊り場に置かれた脚立の上に、電動ドリルが無造作に載っていることに気付いた。私は何気なしにその電動ドリルに触れると、明らかに温もりを感じた。

〝このドリルは少し前まで使われていた。何に使っていたのだろう〟という疑問が生じた瞬間、「早く集まれ」という担当上司の係長の声が聞こえた。しかし、私は、その疑問を解消しないまま電動ドリルの前から離れることができなかった。しばし立ちすくんで考えていると、再び、係長の「いいから早く来い」という怒鳴り声が聞こえた。私はその怒鳴り声に条件反射するように二階の広間に急いだ。実は、このときの電動ドリルの見過ごしが、結果的に、麻原発見の遅れにつながったのである。

二階広間では、指揮に当たる捜査第一課理事官から麻原が隠れている場所の見取図が示された。それによると、一階と二階の間に麻原が隠れている場所があるという。

その見取図は手書きされたもので、「逮捕取り調べ中の幹部信者が書いたものだ。信憑性《しんぴょうせい》がある」と教えられた。その場所を目掛けて、私たちは手分けして削岩機やハンマーで穴を開けていった。床や壁面に無数の穴が開いたが、麻原の姿は、そこにはなかった。その間、指揮官の無線機には、警視庁本部から、「まだ見つからないのか」という催促が執拗《しつよう》に入ってきていた。私たちは焦った。指揮官もまた、「麻原は本当に第六サティアンにいるのか、幹部信者にもう一度確認しろ」という切迫した指示を無線で屋外の捜査員に飛ばしていた。

捜査側としては、〝自分に仕えた弟子たちが次々と逮捕される中、教祖たる者、威風堂々として逮捕を待つ〟という麻原彰晃の姿勢を想像していたが、その気配はなかった。

まさに雲隠れ状態だった。

三時間程度捜索をした後、第六サティアン内の安全が確認できたのか、捜索要員が増強された。この増強された捜索要員が、二階の天井部分に、これまでと違った工作物があることに気付いた。この要員の指示に基づき、捜査員が梯子をかけ、金槌で工作物の壁面を叩いて穴を開けた。すると、突然、紺色のヘッドギアをかぶった麻原の顔が飛び出してきた。麻原は、「まぶしい」と言って目を細めた。

「おい、いたぞ。ここにいたぞ」

このとき麻原は、クルタと呼ばれる赤紫色のオウム服を着て腹這いの状態だったが、とっさに後ずさりして、また隠れてしまった。すぐに捜査員が開いた穴から顔を入れて諭した。

「おい。出て来い」

その指示に従って麻原が穴から顔を出した。ボサボサの長髪が汗ばんだ顔に絡み、観念した表情でうな垂れていた。穴を大きく開け、汗びっしょりになった麻原を担いで下ろしている最中、麻原が申し訳なさそうに声をかけてきた。

「重くてすみません」

確かに麻原は、身長が高く太めだった。

気が付けば、麻原発見の報を聞き付けた多数の捜査員たちが周りに集まって来ていた。麻原は、指揮官に促されて最寄りの小部屋に素直に入り、逮捕状が執行された。

このとき、脚立の上に無造作に置かれていた電動ドリルの謎が分かってきた。私たちが第六サティアンに踏み込もうとした直前、慌てた麻原は脚立を使って急造した隠れ部屋に入り身を潜めた。そして、その入口部分に信者たちが壁板をはめ込み、電動ドリルを使ってビスで固定したのだ。

あのとき、私が目の前の壁板を蹴破っていれば、すぐそこに麻原の姿が確認できたはずだった。このときの苦い失敗を思い出すたびに、テレビの前で固唾《かたず》を飲んで捜索を見守ってくれていた全国のみなさんに申し訳ないことをしたと、いまでも謝りたい気持ちにさせられる。

第六サティアンに第一陣として突入した私たちは、捜査員たちに連行されていく麻原の後ろ姿を見送っていた。

次の任務は逮捕の現場となった第六サティアンの捜索差押えと検証である。刑事訴訟法第二二〇条第一項は、逮捕現場において、逮捕の基礎となった犯罪事実に基づく差押えや捜索、検証を認めている。その法的根拠に基づき、私たちは麻原の捜索で疲れ果てた体に鞭打って任務を遂行した。

このとき麻原は、プラスチック製の洗濯カゴ様の物の中に、九六六万二四八三円の現金を、一万円札の紙幣から一円玉の硬貨に至るまで取り混ぜて所持していた。そのほかにはスナック菓子「カール」、飲料水もあり、麻原は、当分の間、ここに雲隠れすることを決め込んでいたと見えた。

この逮捕現場における捜索差押えと麻原が潜伏していた第六サティアンに対する検証は意外に時間がかかり、夜九時ころまで続くこととなった。それを知ってか、別の教団施設で鑑識活動をしていた鑑識課のメンバーが居残って、献身的に私たちの作業を手伝ってくれた。お互いに疲労困憊《ひろうこんぱい》している中、刑事部の熱い絆を感じさせてくれた。

その一方では、第六機動隊の教場で、「サリンやVXガスをかけられるかもしれない。それでも突入して逮捕する」という指示を受けて、血気にはやっていたときを、遠い昔の出来事の如く思い出していた。麻原には〝威風堂々として逮捕を待つ〟教祖としての風格も威厳もなく、まったく情けない風体だった。

## 意外な人事

麻原が逮捕されて以降、教団施設に対する捜索差押えや検証も、化学兵器を生成していた第七サティアンを除いて徐々に結了した。

東村山署特別捜査本部に従事していた私たちは、七月に入ると、オウム真理教関連捜査から外れて高井戸署管内で発生していた資産家老女殺人死体遺棄事件（警察庁広域重要準指定五号事件）の特別捜査本部に転進した。また、このころ、八王子市大和田町のスーパー事務所内では、女子高校生二人を含む三人の女性が拳銃で頭部を銃撃されて殺害される残忍な事件が発生。捜査第一課は、オウム真理教関連捜査の陰で発生していた数々の重要凶悪事件にも、少ない捜査員をやり繰りして何とか対応していた。

幸いにも、高井戸署特別捜査本部は被疑者二名を検挙して、一〇月上旬には事件処理を終えて東村山署に戻ることになったが、私だけは取調官としてオウム真理教の捜査に再編入されることになった。その理由は、高井戸署特別捜査本部で被疑者の取調官を務めていたことや、それまでに培った取り調べの経験や技術をオウム真理教団の犯行解明に活かすためだったようである。

この当時、オウム真理教関連の特別捜査本部は、地下鉄サリン事件が発生した築地署と目黒公証役場事務長拉致事件が発生した大崎署に設置されていて、私は大崎署特捜本部に編入され、日々、教団内で銃器を製造していた信者や、修行中に亡くなった信者をマイクロ波で焼却するよう指示した女性幹部信者の取り調べに当たっていた。

振り返れば、銃器を製造していた信者たちは、非常に協力的な信者ばかりだった。

一見して二〇代前半と分かる彼らは、屈託のない笑顔で、

「ワークと称して、いつも決められた部品を作っていた。自分たちが作った部品が何に使われる部品かも分かっていなかった。しかし、ワークを終えて居住場所に戻った際、同じワークをしている仲間たちと話しているうちに、自分たちがそれぞれ作っている部品を組み立てていくと小銃になる、つまり、自分たちは小銃を製造させられていることが分かってきた」

と供述していたことが印象的だった。

この緊迫した状況下でも笑顔で私に接する彼らの姿に、どこにでもいる普通の若者たちが、知らず知らずのうちに、オウム真理教という犯罪集団に入ってしまった恐ろしさを目の当たりにした思いだった。

オウム真理教の取り調べは、平成八年二月まで続いてひと段落し、人事異動の時期を迎えていた。私は、前年の昇任試験の結果から、平成八年春の人事で警部に昇任し、異動するものと予測していたところ、案の定、人事異動が発令された。これにより、オウム真理教と直接対峙して捜査する任務は終わったという寂しさと、それとは裏腹に安堵感がよぎっていた。

しかし、異動先として示達された部署は、なんと「南千住警察署」だったのである。

南千住署といえば、「警察庁長官狙撃事件特別捜査本部」が設置されている警察署である。私は何かの間違いではないかと思い、捜査第一課長に恐る恐る伺ってみたが、「人事を間違うわけがないだろう。狙撃事件の犯人を捕まえろということだ」と一喝されただけだった。引き続きオウム真理教の捜査をしなければならない宿命が、重くのしかかっていた。

当時の荒川区南千住は、簡易宿泊所が立ち並び、古びた赤提灯で労働者らが安酒をあおる光景が想像される土地柄であったが、警察庁長官の狙撃現場となった「アクロシティ」は、周辺地域とは比べようのない異彩を放っていた。

南千住署から歩いて一〇分程度のところにあるその場所は、隅田川沿いの全戸数六六二戸のマンション群で、敷地内に点在するAポートからGポートまでの七つの高層マンションは、平成二年二月から平成四年一〇月にかけて順次竣工した。また、敷地内には、「プライムハウス」と呼ばれる管理棟、「スポーツスクエア」と呼ばれる居住者専用のトレーニング棟、「マーケットスクエア」と呼ばれる店舗棟を備えるほか地下駐車場も充実し、抜群の住環境を整えていた。この整備された居住空間の中に國松孝次警察庁長官の私邸があり、事件発生場所となったEポートは、敷地内の北東角に所在する一四階建ての一棟だった。

南千住署は、署員二〇〇人にも満たない小規模で穏やかな警察署だったが、五階建て庁舎屋上の仮設プレハブ内に「警察庁長官狙撃事件特別捜査本部」が置かれ、署員数に近い捜査員が出入りしていた。

また、私と同じ日に着任した署長は、國松警察庁長官狙撃事件の特別捜査本部で捜査を直接指揮していた公安部幹部で、まさにこれからの南千住署は、特別捜査本部に限らず署全体が警察庁長官狙撃事件捜査のために運営されていくことが、人事異動を見ても明らかだった。

私は早速、署長から、捜査第一課在籍当時に得たオウム真理教に関する捜査結果を報告するよう指示を受け、詳細に報告したものの、その中に警察庁長官狙撃事件の捜査に有効な材料はなかった。つまり、教団施設に対する捜索差押え、検証、被疑者や参考人の取り調べの過程で、この事件をオウム真理教関係者による犯行であると立証する上で有効な資料は得られていなかった。しかし、当時の社会情勢からして、オウム真理教団による犯行であることは、だれもが信じて疑わないところだった。

まず、私は、南千住署管内に居住するオウム真理教関係者の把握に傾注した。つまり、國松長官狙撃事件で下見や逃走の手助け等ができる支援者が居住していなかったかを調査していった。それと並行して、日頃の署員との雑談の中から、埋もれたままになっている情報の発掘に気を配った。

結果として、支援者の存在は把握できなかったものの、オウム真理教に関する噂話は数多くあった。

たとえば、「事件前年の平成六年夏、アクロシティの敷地内道路で、オウム真理教幹部の車を駐車違反で取り締まった」、「事件発生直後、南千住署の前を自転車で疾走していく男がいた。オウム真理教信者の写真の中に似た顔の男がいた」などである。しかし、裏付けを取っても、いずれも信憑性に乏しい情報だった。

その後、署長の指示で、署内の交通課、地域課、警備課から人員を集めて一〇名程度のプロジェクトチームを編成することになり、オウム真理教信者の実態把握や、オウム真理教信者に対する積極的な事件化を進めていった。この寄せ集めのプロジェクトチームには、責任者として警備課長が就き、私が参謀として全体を指揮し、着実に成果を挙げていった。

しかし、その一方で、警視庁警察官であり、地下鉄サリン事件の特別捜査本部に従事していたK巡査長が、実はオウム真理教の信者で、國松長官を狙撃した旨の供述をしていることが報道される事態となっていた。狙撃に使用した銃をＪＲ総武線「水道橋駅」近くの神田川に投棄したというＫ供述に基づき、特別捜査本部は神田川を堰《せ》き止めて川ざらいしたが、何の成果も得られないまま泥だらけになって署に戻って来る捜査員の惨めな姿があった。

## 出家信者たちの抵抗

平成八年一一月になると、上九一色村の教団施設から退去させられた多くの信者たちが上京して、教祖麻原彰晃が収監されている「東京都葛飾区小菅一丁目　東京拘置所」の近くのアパートやマンションで集団生活を送るようになっていた。幸か不幸か南千住署管内には、こうした集団居住場所はなかったが、東京拘置所に程近い足立区綾瀬、西新井、千住等には、教祖へパワーを送るためなのか、秘かに多数の集団居住場所が形成されていた。

私たちプロジェクトチームはこれを絶好の機会と捉え、手始めに、ナンバープレートに粘着テープを貼って数字等を隠蔽した乗用車を運転していた信者を道路運送車両法違反で現行犯逮捕し、それに伴い、同人の居住場所に対して捜索差押えを実施した。

「南千住署です。道路運送車両法違反でガサをやらせてもらいます」

ドアチェーンをかけたまま、わずかにドアを開けたオウム真理教出家信者に捜索差押許可状を提示した途端、信者の腕が伸びて令状を奪い取ろうとした。当然、そうした抵抗は予期していたため、奪い取られて廃棄されないために間合いを取り、すかさず腕を制止した。

「抵抗するのは止めなさい。チェーンを切断するぞ。ドアを開けなさい」

このころのオウム真理教信者は、まだまだ従順だった。

指示に従い素直にドアを開けたため、私たちは事前の任務分担どおりに捜索を開始したが、引っ越してきたばかりの集団居住場所は散らかったままで、かえって整理整頓をしてあげたような捜索差押えとなった。

続いて、上九一色村等の教団施設に住民登録していた信者が、これらの施設から退去させられる際、いったん実家がある市区町村に転入届を提出したものの、実際は実家に戻ることはなく、足立区内の集団居住場所に転入していた事実を捉えた。

刑法第一五七条第一項は、「公務員に対し虚偽の申立てをして、登記簿、戸籍簿その他の権利若しくは義務に関する公正証書の原本に不実の記載をさせ、又は権利若ししくは義務に関する公正証書の原本として用いられる電磁的記録に不実の記録をさせた者は、五年以下の懲役又は五十万円以下の罰金に処する」と規定している。

つまり、虚偽の転入届を出して住民基本台帳に虚偽登録をさせた「電磁的公正証書原本不実記録・同供与」を事件化して居住場所に対する捜索差押えを繰り返し実施していった。

このころになると、オウム真理教信者側も集団居住場所に対する警察の捜索差押えを予期するようになり、米櫃《こめびつ》の中など、発見しづらい場所に預金通帳等の金銭出納に関わる帳簿や教団からの指示メモ等を隠匿するようになっていた。また、私たちが捜索差押えをした後には、押収品の返還を求めて準抗告を申し立ててくることが常態化したため、差し押さえた物品は速やかに分析して還付手続きをとっていた。

刑事訴訟法第四三〇条第二項は、「司法警察職員のした前項（接見指定、押収、押収物の還付）の処分に不服がある者は、司法警察職員の職務執行地を管轄する地方裁判所又は簡易裁判所にその処分の取消又は変更を請求することができる」と規定している。オウム真理教信者は、警察に対する対抗措置として、捜索差押え終了時に警察が交付する「押収品目録交付書」を疎明資料として、押収物の還付を求めて裁判所に準抗告を申し立てていた。

そのため、捜索差押えに立ち会った信者たちは、捜索時の捜査員の動きや捜査員相互の会話をメモしようとしていたが、私は事前に、「現場では名前で呼び合うな」「不必要な私語は慎め」「信者とは気軽に会話するな」「差し押さえる物は、必ず立ち会っている信者に確認させてから差し押さえろ」など、細かなことまで徹底し、揚げ足を取られないよう、厳格な捜査に終始させていた。

そのほかにも、信号無視等の道路交通法違反をしたにもかかわらず、否認して逃走した場合は、後刻、逮捕状と捜索差押許可状を持って居住場所を訪問した。このころは、社会全体のベクトルがオウム真理教の壊滅に向かっていた。警察庁長官狙撃事件の特別捜査本部はこのプロジェクトチームの強気の捜査に大いに期待していたのか、集団居住場所に対する捜索差押えには、必ず特捜本部の捜査員もメンバー入りして、差し押さえた物品を入念にチェックしていた。しかし、狙撃事件に関する資料は得られていなかった。

こうした些細な情報を端緒に強制捜査を繰り返していたためか、次第に南千住署はオウム真理教の信者たちから目の敵《かたき》にされ、現場で指揮していた私は攻撃対象としてリストアップされていると噂され始めていた。しかし、噂や風評などを気にして捜査の手を緩めたりはしなかった。とにかく、オウム真理教信者たちの集団居住場所から、警察庁長官狙撃事件の解決に繋がる資料や証拠を発見することに没頭していた。
しかし、警視庁幹部は、私がオウム真理教の攻撃対象になりかねない状況を危惧《きぐ》したのか、平成九年春、私は多摩地区を担当する第三機動捜査隊に異動となり、町田分駐所の配置となった。たった一年間の南千住署勤務である。警察庁長官狙撃事件について、オウム真理教団による犯行であることを裏付けるものを何も発見できていない以上、後ろ髪を引かれる思いはあったが、荒川区から町田市へ異動して身を隠せという刑事部からの温かい配慮と素直に理解し、オウム真理教捜査から離れて一般の凶悪事件の捜査に従事することになった。

この異動に際し、私は、地下鉄サリン事件以降、オウム真理教関連捜査に従事してきた過程を振り返ってみた。正直な思いとして、このころ、警察庁長官狙撃事件とオウム真理教を結び付けることに、何となく違和感を覚えるようになっていたのかもしれない。

オウム真理教信者をいくら取り調べても、オウム真理教関連施設にいくら捜索差押えをしても、警察庁長官狙撃事件への関与を裏付ける痕跡が見出せなかったからである。

そして三年の月日が経過した……。

2004年6月、
大阪府警察本部に移送される中村泰

# 第二章● 急浮上した老《ろう》鎗《そう》客《かく》

## 現金輸送車襲撃事件の男

平成一二年春、地下鉄サリン事件が発生して五年が経過し、世間ではオウム真理教の記憶も薄れ、駅や交番に貼られたオウム真理教特別手配犯三名のポスターに目を留める人もほとんどいなくなっていた。

この年の三月、私は殺人犯捜査第六係長として、再び捜査第一課に籍を置くことになり、懐かしの東村山署特別捜査本部に赴任した。旭が丘派出所襲撃事件発生からすでに八年が経過していたこの特別捜査本部の態勢は、捜査第一課員と東村山署員が合わせて二〇名程度となり、発生当時から捜査に従事している捜査員は東村山署員に一人いるだけだった。予定していた捜査はほぼやり遂げ、日々、全国から寄せられる情報を一つ一つ捜査している落ち着いた状態だった。

そのためか、都内で殺人事件等の凶悪事件が発生すると、東村山署に従事中の捜査第一課員がしばしば駆り出されていた。そして、捜査第一課員が留守の間は東村山署員に捜査を任せ、事件処理が終わると、また拠点の東村山署に戻るというパターンが続いていた。ようやく東村山署に腰を落ち着けて捜査に従事できるようになったのは、平成一四年半ばを過ぎたころだった。この時点から再びネジを巻き直し、平成四年二月一四日にさかのぼって旭が丘派出所警察官殺害事件の捜査に勢力を傾けることになった。

捜査第一課には「現場資料班」という係がある。この係は、捜査第一課長の側近として、重要凶悪事件に発展する可能性のある事案が発生すれば迅速に臨場して、事件性はあるか、事件ならば何罪が適用されるかなど、的確な擬律判断をするほか、全国各地で発生する重要事件を詳細に掌握するなど、様々な分野に長けたヘッドクォーターである。

私はこの係に対し、

・　**多摩地区に縁《ゆかり》がある前歴者**
・　**警察官の殺害あるいは警察官に重傷傷害を負わせた前歴者**
・　**拳銃所持の前歴者**
・　**拳銃を使用して凶悪事件を起こした前歴者**

以上、四つの条件すべてに合致する者の検索を依頼していた。目的は、警察官を殺害し、拳銃を強奪した犯人を浮上させるためである。すると、平成一四年一二月下旬になって現場資料班の主任から吉報が届いた。

「条件に合致する者が見付かった。平成一四年一一月二二日午前、名古屋市西区にあるＵＦＪ銀行押切支店で拳銃を発砲して現金輸送車を襲撃し、警備員一人に重傷を負わせ、現金五〇〇〇万円を強奪したが、もう一人の警備員に現行犯逮捕された男がいる。この男は、『中村泰　昭和五年四月二四日生』と言い、すでに起訴となり、愛知県西警察署に勾留されている」

この報告に接した私は、早速、警察庁刑事局捜査第一課の広域捜査指導官を介して、愛知県警察本部からこの中村泰という人物に関する資料を取り寄せ、同人の経歴について掘り下げていった。すると、中村泰とは、テロ行為を活動目標とする、稀《まれ》に見る冷酷、かつ大胆不敵な捜査対象者であることが分かってきた。

昭和五年四月、東京市淀橋（現在の東京都新宿区の一部）で出生した中村泰は、南満州鉄道に勤務していた父親の関係で、幼児期は、大連、奉天（現在の瀋陽）、吉林等の外地（第二次世界大戦終戦まで日本が本土以外で領有していた土地）を転々とした。

内地（日本の本土）に戻ったのは中学に入学するころで、母親の実家があった茨城県水戸市にて旧制水戸中学校に入学したが、終戦前後の混乱期を迎えると、中学校を一時休学して橘孝三郎が率いる愛郷塾《あいきょう》（農本主義に基づく青年教育のための私塾）に入り、約半年間、塾生と起居をともにした。

その後中村は、中学校に戻って四学年を修了して旧制水戸高等学校に進み、昭和二四年四月、東京大学教養学部理科二類に入学した。しかし、間もなく勃発した朝鮮動乱や複雑な日本の社会情勢に刺激され、学業を捨て、混迷する現実から逃避して南米に活動の場を見出すことを志すようになり、元警視庁巡査Fと組んで、資金獲得のために窃盗を繰り返した。

昭和二六年一二月には東京大学を自主退学することになり、昭和二七年三月一二日、四日市簡易裁判所で懲役二年の判決を受けて三重刑務所に服役した。服役中、前科がネックとなり海外渡航が困難になったことを知るや、海外に逃避するよりも、日本において、戦争を起こさせないため、身を挺《てい》して闘うことを考えるようになった。

当時、中村は、日本の独立と再軍備、憲法改正の議論が激しくなるにつれ、将来、全体主義の勢力が台頭し、再び戦争に突入する危険があるものと判断していた。そこで、これを阻止するため、自ら武装して準備を整え、戦争を企図する政権が台頭した場合にはこれと抗戦し、テロによりその政権を打倒する考えを抱くようになっていった。

この目的遂行のため、武器の収集とその資金獲得を企て、三重刑務所服役前に隠匿していた一〇〇万円相当の盗品（薬物）を処分するなどして、コルト社製四五口径自動装塡式軍用拳銃一丁、実包一一四五発等を購入し、当時の住居だった埼玉県北足立郡蕨町（現在の蕨市）のアパートに隠匿した。そして、早川友次郎という偽名で行動するようになり、昭和三〇年一一月から約一年の間に、深夜、茨城県東茨城郡常澄村（現在の水戸市の一部）内の農業協同組合に侵入して同金庫から約三三万円、東京都台東区内の電話局に侵入して同金庫から電信電話債券五六枚（額面約一九五万円）等、東京都世田谷区内の信用金庫に侵入して同金庫から現金約三九万円等を窃取《せっしゅ》した。

さらに、昭和三一年一一月二三日未明、東京都三鷹市内の銀行で金庫破りを企てるが失敗に終わり、午前四時四〇分ころから武蔵野市営競技場付近で、足代わりとしていた乗用車を駐車して仮眠していたところ、警視庁武蔵野警察署山川治男巡査（当時二二歳、殉職後に警部補に昇進）の職務質問を受けた。

中村はしばらく同巡査と問答するうち、警察官に対する潜在的な反感から同巡査の職務執行に反抗しようとする衝動に駆られ、車外に出るや、かねてから自負していた拳銃の連射技術を試す絶好の機会と捉えた。同巡査に対して、「武器を使ってみろ」などと挑発し、このとき所持していたレミントン社製四五口径自動装填式軍用拳銃で同巡査を射殺することを決意して、やにわに同巡査の胸部に向け三弾を連射し、そのうち二弾を胸部に命中させ、仰向けに転倒した同巡査の頭部にトドメの一弾を浴びせ殺害した。

当時、中村にとって警察官は、自らの志を達成する上で最も邪魔な存在であり、排除すべき対象だった。

その後、中村は、この車で大阪市内や尼崎市内に逃走し、Fに逃走用のナンバープレートを用意させた上、車の解体も手伝わせて証拠隠滅を図った。しかし、中村は、Fとともに指名手配されることになり、昭和三二年三月二日、Fが警察に出頭したことを知るや、二日後の三月四日、弁護士に付き添われて武蔵野警察署に出頭した。中村は、自らの犯行を認め、昭和三二年一〇月二一日、東京地方裁判所八王子支部で無期懲役の判決を言い渡され、続いて昭和三三年五月七日、東京高等裁判所は控訴を棄却し、中村は千葉刑務所に服役することになった。

中村は千葉刑務所で特殊な印刷技術を身に付け、英語やスペイン語等の語学習得に熱を入れ、思想面では多くの同志の刺激を受けるなどして、心身共に鍛えられたのち、昭和五一年三月二五日に仮出所した。逮捕から一九年余が経っていた。そして、立川市富士見町の実父宅に帰住することになったが、その後の生活実態が謎に包まれ、名古屋市内で現金輸送車を襲撃して逮捕されるまでの二六年八ヵ月間の動向がまったく不明だった。

## 若手刑事の直訴

中村泰に関して一応の基礎知識を得た私は、愛知県西署に連絡を入れ、平成一五年一月一四日、若手の刑事を伴って同署刑事課を訪問し、現金輸送車襲撃事件の被疑者「中村泰」に関わる捜査書類を閲覧させてもらった。

それによると、中村は、自動装塡式拳銃一丁とその銃に適合する実包二三発、回転弾倉式拳銃一丁とその銃に適合する実包五発を所持して犯行に及び、現場に乗り付けた軽自動車（盗難車）内には自動装塡式拳銃の適合実包四四発とイスラエル製の自動小銃の弾倉を積載していた。この事件で、中村の発砲により五五歳の警備員は加療約四週間を要する両下腿《かたい》挫滅創《ざめつそう》の傷害を負い、中村は、現金五〇〇〇万円が入ったバッグを強奪して逃走したが、追い駆けてきたもう一人の警備員に取り押さえられた。

私たちは、関係書類に一通り目を通した後、中村を担当した古参の係長に取り調べ時の状況を聞いてみた。

「現行犯で逮捕された犯罪については話すが、それ以外のことはいっさい話さない。名前や住所すら話さなかったが、前歴があったお陰で指紋から人物が特定できた」

さらに、

「せっかく東京から来たのだから、中村に会いたいだろうけど無駄だよ。何も話さない。もう年寄りだから、そっとしておいてやってくれないか」

と素っ気ない返答だった。

私たちは夕方まで西署で様々な話を聞いて東京に戻ることを決め、半日近く時間を割いてくれた刑事課のみなさんに挨拶をして警察署の玄関を出た。ところが、数歩歩いたところで、すぐに呼び止められた。振り返ると、若手の刑事二人が息を切らせて駆け寄って来た。

「今夜、お話ししたいことがありますので、一泊していってもらえませんか。実は中村の捜査に協力してほしいのです」

私は、これはただ事ではないと直感し、二人の刑事の申し出を了承して名古屋駅近くのビジネスホテルを予約した。

夕方、待ち合わせ場所で待っていると、約束どおりの時刻に三人の西署刑事課員がやって来た。二人は先ほどの若手の刑事、もう一人は五〇代の係長だった。お決まりの自己紹介をした後、西署刑事課員が切り出した。

「中村泰は、警備員に現行犯逮捕されたため、愛知県警察本部の捜査第一課から支援の捜査員が派遣されず、所轄の西署だけで事件処理をしています。しかし、宿直勤務やほかに処理しなければならない事件があるため、中村の捜査が思うように進みません。中村は、ほかにも重要凶悪事件をやっていることは間違いないと思っています。中村は東京都内に濃い土地鑑があり、中村の関係者が都内にいる可能性が高いと考えられます。是非、東京における中村の捜査をやってほしいのです。中村の住居を割り出してガサを入れ、余罪を出したいのです」

私は、愛知県警察の若手刑事の前向きな姿勢にほだされ、「よし、分かった」と二つ返事で捜査協力を承諾し、酒を酌み交わしながら中村に関する情報を伝授してもらった。

その席上、大阪市内でも、名古屋市内で発生した事件と同様の手口の現金輸送車襲撃事件が発生し、未解決のままであることが話題となった。

①　平成一一年　三月五日（金）　三和銀行玉出支店
②　平成一一年七月二三日（金）　東海銀行今里支店
③　平成一三年一〇月五日（金）　三井住友銀行都島支店

以上の三事件である。そのため、大阪府警察本部にも捜査協力を要請することになった。

翌日、大阪府警察本部捜査第一課に連絡すると、未解決のままになっていた現金輸送車襲撃事件に光明が差したという期待と、持ち前の乗りの良さから、「ほんまでっか。ほな、やりましょ」と捜査協力を快諾してくれた。ここに、「水面下の合同捜査本部」が秘かに開設されることになったのである。

警察は縦割り社会で、都道府県警察相互の捜査協力は難しいように見られがちだが、実は、凶悪事件を担当する強行犯捜査員たちは、初対面でも、目的や方針が似通っていれば、すぐにでも連携していた。

## 「協力者」たち

当時、東村山署特捜本部では喫緊《きっきん》に取り組まなければならない情報がなかったことから、私は帰京すると中村泰の捜査に全捜査員を投入し、取り急ぎ、愛知県西署が着目していた中村の関係者と見られる二人の人物の内偵を始めた。

まず、一人目は、葛飾区東金町に住む女性である。この女性は、中村と同年代で、社交的で小綺麗な女性だった。中村は、千葉刑務所出所後、昭和五一年三月、立川市内の実父宅に帰住したが、平成九年一一月には豊島区池袋、平成一一年八月には兵庫県神戸市に住所異動をしていた。氏名も「なかむらやすし」から「なかむらひろし」に改名していたことが住民票の照会等で判明していた。ただ、これらの住所地は、いずれも電話や郵便物の受付・保管を代行する事務代行業者の所在地で、実際の住居地ではなかったが、中村は、豊島区池袋の事務代行業者と契約する際、連絡先として携帯電話番号を記載するミスをしていた。この携帯電話番号の名義人こそ、この東金町の女性だった。

そこで、手始めに、平成一五年二月一八日、愛知県名古屋市内における現金輸送車襲撃事件の公訴事実に基づき捜索差押許可状の発付を得て、警視庁・愛知県・大阪府警察合同で、その女性が夫と暮らす一戸建て家屋の捜索差押えに着手した。

女性は、突然の訪問者に驚愕《きょうがく》し、「今日は許して、明日にして」などとわけの分からないことを言って取り乱していたが、私たちは素早く作業を進め、終了と同時に女性を所轄の亀有警察署に任意同行した。このころには女性も落ち着いてきており、中村との逢瀬《おうせ》に関して語り出した。

「生命保険の外交員をしていた平成五年ころ、地元議員の親睦旅行で鬼怒川に行ったとき、旅行に参加していた中村と知り合った。このとき、中村は、自分のことを『林』と名乗っていた。旅行後、中村から様々な口実で誘い出され、日暮里や金町で会っていた。しばらくすると、中村から、『住所がないので代わりに携帯電話を借りてほしい』と頼まれ、金町駅前の携帯電話店で借りてあげた。毎月の支払いは私が立て替え、中村に会ったときに精算していたが、平成一二年一月下旬に会ったとき、中村から、『神戸に仕事に行くことになったから携帯電話を預かっていてほしい』と言われて引き受けた。ただ、中村とはそのまま音信不通になったので、その年の五月一日に携帯電話は解約した」

女性は、中村に関して知り得ることは素直に話してくれたものの、中村にとってこの女性は単なる「便利屋」に過ぎず、女性からこれ以上の情報は得られなかった。

二人目は、江東区南砂に住む中村泰の弟である。

中村泰は男ばかりの三人兄弟の長男で、いずれも高学歴だったが、すぐ下の弟は、平成二年八月、イラクがクウェートに侵攻した際、人質となった商社マンだった。この弟に対する内偵捜査を進めると、弟は、兄・泰の逮捕後、中村泰名義のクレジットカードを使用して、高級腕時計、プラズマテレビ、高級ブランドのバッグやメガネ等を購入していることや、中村泰名義の銀行口座から現金を引き出していることなどが判明し、勾留中の中村との繋がりが十分に認められた。

そこで、平成一五年三月二〇日、同じく現金輸送車襲撃事件の公訴事実に基づき捜索差押許可状の発付を得て、警視庁・愛知県・大阪府警察合同で、江東区南砂の弟宅の捜索差押えに着手した。

この捜索では、中村泰が弟に宛てた封書やハガキ、中村泰の担当弁護士が弟に宛てた封書、中村泰名義のクレジットカード、キャッシュカード、銀行預金通帳、銀行印等を差し押さえることができ、捜査は大きく進展することが見込まれた。さらに、所轄の城東警察署に任意同行して愛知県警察本部捜査第一課員が取り調べると、弟は素直に供述した。

「平成一五年二月、兄から、『預金通帳やクレジットカードを預かっていてほしい』と書かれた手紙が届いた。その後、兄の担当弁護士から兄名義のクレジットカードとキャッシュカードがあわせて二一枚、預金通帳七通、銀行印等の印鑑四本が小包で届いた。

さらに、兄から現金の引き出しと支払いに関する指示が封書で届き、そのとおりに実行した。高級腕時計、テレビ、メガネ、バッグは兄の了解を取って購入したもので、これは手数料代わりと理解してほしい。兄は千葉刑務所を出所したころ、学生時代と変わらず警察権力に対する反感や官憲に対する積年の恨みを持ち続けていて、いずれ警察に復讐《ふくしゅう》してやると口走っていた。そして、拳銃の入手を真剣に考えていたが、保護観察中で海外渡航ができなかったため、私が仕事でアメリカに行く際は、拳銃を購入して外国郵便で送るように執拗に頼んできていた。もちろん、私は兄の頼みを断り続けていた。兄とは、平成五年三月、文京区内の寺で父の七回忌法要で会って以来、やりとりはなかったが、名古屋市で逮捕されたことで、突然、連絡がくるようになった」

弟の取り調べにより、中村泰本人の住居等で保管していた預金通帳、銀行印等の所持品を担当弁護士が弟に送付していることが判明し、担当弁護士は中村泰の住居を訪問しているものと推測された。そこで、警視庁捜査第一課管理官が名古屋市内に事務所を構える担当弁護士の説得に入った。その結果、この担当弁護士から重要な証言を引き出すことに成功した。

「実は、関西弁を喋る男性から電話があり、中村被告の弟に渡してほしいと言って、合計三箱の段ボール箱が宅配便で送られてきたので、指示されたとおり、在中品を弟宛に送った」

この証言により、住所・氏名等は不明なるも、中村の手足となって行動する関西弁を話す人物の存在が明らかとなった。そこで、この弁護士事務所の所在地を管轄する宅配便の支店において宅配伝票を捜査した結果、担当弁護士宛の三枚の配達票を発見した。

この配達票の特徴は、依頼主名として「中村泰あるいは中村の弟の氏名」を記載し、依頼主電話番号として「〇六」で始まる大阪市内の電話番号を記載していることだった。また、配達票の一連番号から、三箱中二箱の段ボール箱が、大阪市中心部の営業所で取り扱われていることが判明し、同所に対する聞き込みから、この段ボール箱の受付をした担当者が明らかとなった。さらに、この担当者の証言とこれまでの捜

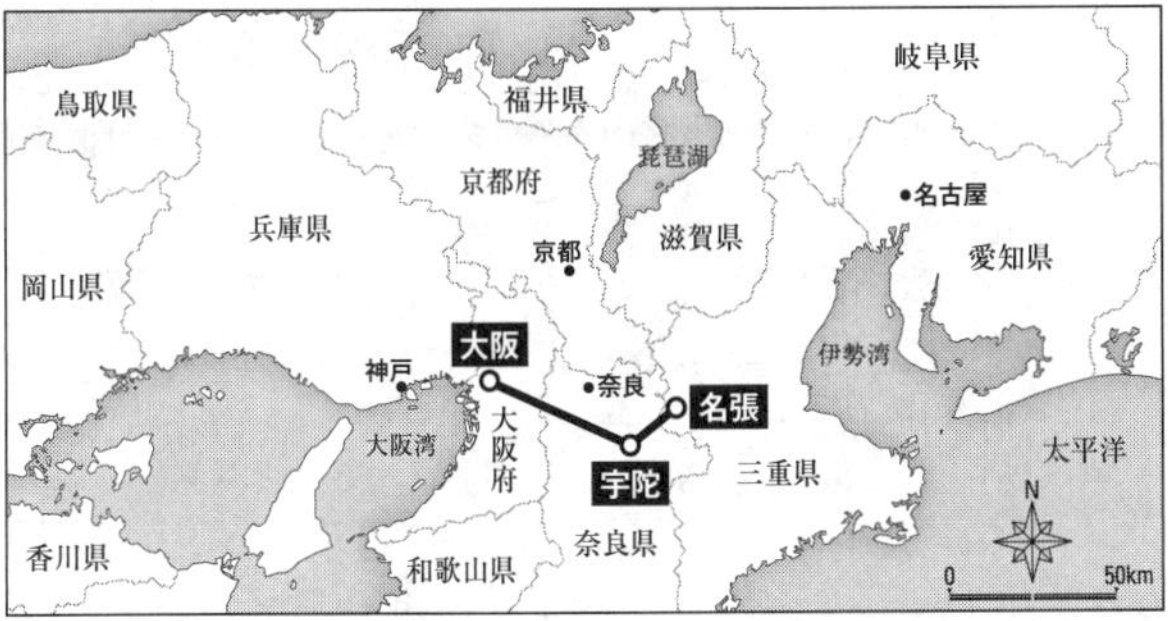


査を総合的に分析した結果、中村泰の支援者として、大阪市内で妻子とともに暮らす「鈴木三郎（仮名）」を割り出すに至ったのである。

鈴木は、中村泰と同時期、千葉刑務所に服役していた人物で、出所後、経営コンサルタントとして活動していた。苦労の末、鈴木を割り出したことで、捜査は一気に進展するものと期待された。

「鈴木んとこ、はよ、ガサしょーや」

捜索を急かす大阪府警察本部捜査第一課の特捜班長の気持ちは十分に承知していた。大阪府警本部庁舎に程近い場所に「鈴木」という次のターゲットが存在していたからだ。警視庁、愛知、大阪の捜査員も気持ちは一緒だった。しかし、この捜査は滑るわけにいかない。はやる気持ちを抑えながら、三都府県の捜査員は、慎重に鈴木の内偵捜査を進めていった。

その結果、大阪市内には鈴木の住居のほかに、鈴木が契約中の銀行貸金庫があることも判明した。

そして、この貸金庫の開扉記録を調べると、平成一二年八月からしばらく、この貸金庫は開扉されていなかったが、中村が逮捕された平成一四年一一月二二日以降、短期間のうちに四回にわたり開扉されていることが判明し、中村に関する証拠品が隠匿された可能性が十分に疑われた。

さらに鈴木は、平成八年一〇月、三重県名張市内に土地付き一戸建て家屋を購入していることが判明し、弁護士事務所に宅配された残りの段ボール箱一箱が、名張市と大阪市を結ぶ中間点の奈良県宇陀《うだ》郡の営業所で取り扱われていたことから、この家屋は重要な拠点と考えられた。

そこで、この家屋とその周辺に重点を絞って捜査を進めたところ、中村泰のアジトはこの名張市の鈴木名義の家屋であることが濃厚になるとともに、中村は鈴木名義の普通乗用車を使用していたことも分かってきた。ここに来て、ようやく愛知県西署の刑事たちの念願が叶うときが近づいていた。

## キーパーソンの突然死

平成一五年七月九日、ついにその日は来た。朝から太陽がまぶしく、暑い夏の日の始まりだった。

愛知県警察の尽力により、現金輸送車襲撃事件の公訴事実に基づき、大阪市内の鈴木の住居、鈴木が契約中の銀行貸金庫、中村の居宅である三重県名張市の鈴木名義の家屋と付属建物、中村が使用する鈴木名義の自動車の計四ヵ所に対する捜索差押許可状の発付を得て、まず愛知県西署員と大阪府警捜査第一課員が大阪市内の鈴木の住居の捜索に着手した。

「中村泰の件で、ご自宅の捜索をさせてもらいます」

午前八時、登校する子供たちを見送るため、屋外に出ていた鈴木の女房に愛知県西署員が警察手帳を示して告げた。

女房が、怪訝そうに捜査員をリビングに招き入れると、西署員が続けた。

「ご主人はどこですか」

「まだ寝ていますので起こしてきます」

鈴木の自室とみられる玄関脇の部屋に女房が入ると、間もなく肌着姿の鈴木が現れた。

「愛知県西警察署です。中村泰の事件で捜索をさせてもらいます。この家は奥さんに立ち会ってもらい、ご主人は三重県名張市の家に行ってもらいます」

西署員は鈴木に警察手帳と捜索差押許可状を提示して告げた。

鈴木は、一瞬びっくりした表情をしながらも、無言で捜索差押許可状を見ると、首を縦に振り、「着替えさせてください」と言って踵《きびす》を返した。慌てて大阪府警の捜査員が動向監視に付いたが、鈴木はすぐに着替え終えてリビングに出て来ると、「当面の生活費だ」と言いながら女房に封筒を手渡して玄関に向かった。このとき、鈴木は、このまま逮捕されることを予期していたのかもしれないが、女房は事の成り行きを理解できていなかった。

玄関に向かう鈴木の背後から、大阪府警捜査員が声をかけた。

「鈴木さん、貸金庫を借りていますよね。貸金庫の鍵を貸してください」

鈴木はすぐに立ち止まって振り返り、明らかに動揺した様子で、

「ありませんよ」

と小声で答えた。

それを聞いた大阪府警の捜査員が、

「なに言うてんねん。あるやろ」

と語気強く追及すると、鈴木はさらに動揺して、

「頭が真っ白になってしまった」

と言いながらキーホルダーから貸金庫の鍵を取り外して捜査員に手渡すと、慌てて自室に入り、据置金庫の扉を開けて紙袋を取り出した。

「それはなんや」

大阪府警の捜査員が内容物を問い質すと、鈴木は、

「胃薬ですよ」

とふて腐れて答えたが、紙袋を取り上げて確認すると、「青酸カリ粉末」入りの容器が在中していることが分かった。〝ここで自殺させてたまるか〟大阪府警の捜査員たちは、捜査車両に鈴木を乗車させると、ただちに三重県名張市に向かった。

「危ないところだった。こいつ平気で自殺しよる」

大阪府警の捜査員が胸を撫《な》で下ろしたのも束の間、西名阪自動車道の法隆寺インター付近で、鈴木の呼吸が乱れ始めた。

「もし、しんどかったら言うてな」

「大丈夫だ。心配ない」

だが、鈴木の様子は一向に良くならなかった。

名阪国道針インター付近で、鈴木の顔色は蒼白になった。途中、スポーツドリンクを買って飲ませると、鈴木はゴクゴクと喉を鳴らしながら飲んだ。大阪市内を出発して約一時間、ようやく名張市の中村の住居に到着した。このとき、警視庁の捜査員は名張市の現場付近で待機していた。

「鈴木さん、着いたで」

しかし、鈴木はぐったりとして意識がなかった。

「おい、鈴木、どないした」

何回呼んでもまったく反応がなかった。ただちに一一九番通報して救急車を要請し、名張市立病院に鈴木は収容されたが、鈴木は絶命していた。名張警察署の検視を経て、三重大学医学部法医学教室で解剖が行われ、死因は「急性心筋梗塞による虚血性心不全」と判断された。

自殺ではなく、病死だった。

「なんということだ」

「しっかり監視していたのか」

突然の出来事に、名張市で待機していた捜査員たちは嘆き叫んでいた。

鈴木の死は、捜査側に大きな衝撃を与えた。当然、捜索差押えは延期となり、鈴木の家族に対する連絡やその後の手続きに忙殺された。それと同時に、中村泰の実態を解明するための最大のキーパーソンを失ったことは、その後の捜査に大きな支障となることが容易に想像できた。

しかし、その一方で、鈴木が契約していた大阪市内の銀行貸金庫の捜索に赴いた大阪府警の捜査員と鈴木の住居の捜索に従事した愛知県警の捜査員からは、朗報がもたらされた。まず、鈴木が契約していた銀行貸金庫の中から、自動装填式拳銃二丁、回転弾倉式拳銃一丁の計三丁の拳銃が見付かり、さらに、自動装填式拳銃に適合する実包一五発、回転弾倉式拳銃に適合する実包三九発の計五四発の実包が見付かったのである。まさに、我々の推理が的中した瞬間だった。

さらに、鈴木の自室からは、証拠隠滅を指示する多数のＦＡＸ紙を発見した。それによると、平成一四年一一月二二日の逮捕以降、中村は担当弁護士に鈴木への伝言を託し、担当弁護士は中村からの伝言を鈴木にＦＡＸで送信し、その伝言に基づいて鈴木は証拠隠滅を図っていた。鈴木が、三重県名張市の住居内を整理して銃器・弾薬を大阪市内の銀行貸金庫に隠匿したのも中村からの指示によるものだった。そのため、銀行貸金庫から押収した三丁の拳銃からは、中村と鈴木両名のＤＮＡが検出された。

特に、鈴木の自室の据置金庫内から見付かった、

①「浅野」の印鑑

②新宿区内の貸金庫の連絡先を記したメモ

③新宿区内の貸金庫業者から「浅野健夫」に宛てられた封書

④新宿区内の貸金庫の鍵

は、中村泰が「浅野健夫」の偽名を用いて契約中の新宿区内の貸金庫関係の物で、中村が最優先で証拠隠滅を図らなければならないものであった。

しかし、鈴木は名張市の中村の住居から新宿の貸金庫に関する資料を大阪市内の自宅に持ち込んだものの、複雑な暗号を用いる中村の指示が解読できず、また、非合法なことに手を染める心労から体調を崩し、しばらくの間、寝込んでいた様子だった。その上、大阪と東京という遠距離のため思うように作業を進められないでいた矢先、警察の捜査が入ったのである。

警視庁の捜査員たちは、名張市の家屋の捜索差押えと検証を担当することになっていたが、この報告を受けて「俺たちも徹底した捜索でデカイ物を見付けてやる」とライバル心を燃やした。

はたして、三重県名張市の中村の住居の捜索差押えと検証では、中村の素性を解明するたくさんの〝宝物〟が出てきたのである。

## 細工された空き箱

平成一五年七月一〇日から、警視庁・愛知県・大阪府警察合同で、三重県名張市の中村の居宅に対する捜索差押え・検証を開始した。

まず、愛知県警察刑事部鑑識課の機動鑑識班が中村泰の住居に対する綿密な検証活動を実施し、指紋をはじめ様々な鑑識資料を得た。続いて、三都府県の捜査員たちが徹底した捜索に入った。

その結果、まず、天井裏から、自動装塡式拳銃一丁とこの銃に適合する実包一四二発を発見した。そのほかにも、五万四〇〇〇ボルトの電圧を発生させる対人戦闘用武器「テーザー」、防毒マスク、赤外線暗視鏡、防弾チョッキ、銃器・弾薬の書籍や説明書、戦闘用教本、ニカラグア革命等の新聞記事、テロ攻撃を想定させるグッズ、多数人の戸籍謄本、中村の顔写真が貼付された他人名義の偽造運転免許証、中村の顔写真が貼付されたカリフォルニア州発行の「Teruo KOBAYASHI」名義の運転免許証とアリゾナ州発行の「Morio AMANO」名義の運転免許証、印刷機械、多数の鞄、多数のメガネ・シークレット靴・カツラ等の変装グッズ等、通常人ではおよそ所有しそうもない物が次々と出てきたのである。特に、

① 中村泰の顔写真貼付の「小林照夫」と「天野守男」名義のパスポート

② 「BATTERY CHARGER」（バッテリー充電器）本体及び八〇枚近くの同機械の輸出入伝票

③ 一二〇通近くのロサンゼルス市居住のメキシコ人女性との通信文書

が目を引いた。

まず、パスポートについて、東京入国管理局に照会したところ、いずれも偽造ではなく真正に発給されたもので、中村は、小林照夫名義のパスポートを使用して、昭和六一年から平成二年にかけてアメリカに一四回、天野守男名義のパスポートを使用して、平成二年から平成一三年にかけてアメリカ等に三一回の渡航歴があった。つまり、中村は、他人名義のパスポートを使用して、昭和六一年から平成一三年までの一五年間に合計四五回の海外渡航をしており、そのほとんどがアメリカ合衆国カリフォルニア州ロサンゼルス市への渡航であることを把握した。

また、「小林照夫」は、大阪府堺市内に居住する実在の人物であり、中村はこの人

物になりすましてパスポートの発給を受けていたが、岐阜県加茂郡八百津町に本籍を置く「天野守男」については架空の人物であることが分かった。いったいどのような方法で中村はパスポートの発給を受けていたのだろうか。その後の捜査でこの謎は解き明かされていく。

ただ、この時点で、東村山署旭が丘派出所警察官殺害事件が発生した平成四年二月一四日、中村はロサンゼルスに渡航中であり、犯人としての容疑性は薄れることになった。

次に「BATTERY CHARGER」と輸出入伝票を分析したところ、中村は、昭和六二年四月から平成四年一〇月の間、ロサンゼルス市を所在地とする「LARSEN ELECTRIC CO.」と「TECHNOCRAFT CO.」という商号の企業から、日本国内の五ヵ所の電気関連と思わせる企業に「BATTERY CHARGER」を船便で輸出し、その総数は四三回に及んでいた。

この「BATTERY CHARGER」の日本国内の輸入元企業は、

東京都中央区日本橋室町所在　「ニチワ・トレーディング㈱」
東京都港区高輪所在　「タカ・コーポレーション」
神奈川県横浜市中区山下町所在　「今井電機㈱」

神奈川県横浜市西区南幸所在　「加賀商事㈱」

大阪府大阪市中央区島之内所在　「神谷電機㈱」


という商号だった。

そして、中村は、ロサンゼルス市から輸入したこれらの「BATTERY CHARGER」を、

東京都港区新橋所在　「フジキ・サービス」
東京都港区浜松町所在　「オーノス&カンパニー」

という商号の企業から三四回にわたりサンディエゴ市内の「Phila House」なる場所に輸出、つまり送り返していた。

さらに、アメリカ国内と日本国内に設定した企業はすべて架空の企業で、その所在地はすべて電話や郵便物の受付・保管を代行する事務代行業者の所在地であるばかりか、アメリカから日本に輸入する際の「BATTERY CHARGER」の重量と、日本からアメリカへ送り返す際の重量を比較すると、送り返すときには輸入時より六～七キロも軽くなっていた。その上、名張市の居宅から押収した「BATTERY CHARGER」本体を詳細に調べると、その内側にはX線透視を不能にする細工が施されていた。

このことから、中村はアメリカで「BATTERY CHARGER」の中に禁制品等を隠

匿して日本へ密輸し、日本国内で内容物を取り出した「BATTERY CHARGER」の本体はアメリカへ送り返して、また禁制品等を隠匿して日本への密輸を繰り返していたことが考えられた。その後の捜査で、隠匿物とは、主に銃器・弾薬であることが分かってくるが、押収した通信文書の内容から、「BATTERY CHARGER」の買い付けから処分には、ロサンゼルス市に居住するメキシコ人女性が深く関わっていることが分かってきた。

## 「積年の敵《かたき》の首領倒れたり」

中村の居宅の捜索差押え・検証では、予想もしなかった新たな〝宝物〟を掘り当てることになった。

「これはどういうことだ。たいへんだ。パンドラの箱を開けてしまったぞ」

「俺たちは、考えもしなかった大事件のホシにぶち当たったたかもしれない」

捜索中の捜査員は腰を抜かすほど驚愕し、声にならない声を絞り出していた。

そこには、警察庁長官狙撃事件に関する大量の新聞記事や週刊誌記事、ＪＲ常磐線「南千住駅」から國松警察庁長官の私邸までの地図、司法官憲に対する恨みを綴った多数の大学ノート、警察庁長官の暗殺をほのめかす文書を記録したフロッピー・ディスク、警察幹部の人事異動記事と写真、平成七年一月二七日から三月九日までの霞ヶ関駅発行のキセル切符十枚等、警察庁長官狙撃事件を連想させる証拠物が山ほど隠匿されていたのである。

念のため、フロッピー・ディスク内のデータを見ると、狙撃に関する詩があった。たとえば、千葉刑務所を仮出所する直前の昭和五〇年、中村はこんな詩を書いていた。

刑事補償

お前らが強奪した年月について　還付請求が突き付けられたとき
お前らはできるだけ知らぬ顔で通し　どうしても逃げられなくなると
金を払って済ませようとする　それも他人から巻き上げた金で
だが　俺に関するかぎり　そんなことは絶対認めはしない
その補償は　お前ら一族の代表者が
自分の血で支払わなければならないのだ

あるいは、狙撃事件の翌月には、こんな詩を中村は書いていた。

March 30, 1995

金のためでなく　名を売るためでもなく　恨みもなく
だれにも強いられず　ただこの世のことは　今世で片を付けよ
と　内なる声に迫られて　戦いの場に赴いた　無名の老鎗客《ろうそうかく》
墨田の河畔　春浅く　そぼ降る雨に濡れし朝　静けさ常に変らねど
獲物を狙う影一つ　満を持したる時ぞ今　轟然火を吐く銃口に
抗争久し　積年の　敵《かたき》の首領倒れたり

フロッピー・ディスクには、こうした狙撃事件前後の心境を綴った詩が六〇篇ほど記録されていた。
また、押収した証拠品の精査から、中村は、昭和五一年三月、千葉刑務所から仮出所して、東京都立川市富士見町の実父宅に住所を定めたものの、保護観察中の昭和五六年六月には、実父宅から秘かに引っ越して、東京都小平市内のアパートに「服部知高」という偽名で入居していたことが判明した。警察庁長官が狙撃された平成七年当時も、「服部知高」はJR中央線「武蔵小金井駅」と西武新宿線「小平駅」の中間点に位置するこの小平市の2Kアパートで一人暮らしをしていたが、事件翌年の平成八年一二月には、三重県名張市に引っ越したことが分かってきた。

この事態に、現場を仕切っていた警視庁捜査第一課管理官は慌てて捜査第一課長に電話を入れた。

「課長、たいへんです。中村は警察庁長官を狙撃したホシの可能性があります。すぐに南千住署特捜本部に連絡してください」

「なにぃ。本当か」

「証拠品がたくさん出てきています」

その報告を受けた捜査第一課長は、警察庁長官狙撃事件を捜査している公安部幹部に速報して情報提供した。

やがて東京から南千住署特捜本部に従事する公安部の捜査員が名張市の捜索現場に現れたが、まったく関心を示さない。その冷めた態度に捜査第一課管理官は怒り心頭だった。反面、〝それならば、捜査第一課が長官狙撃事件を解決するまでだ〟と、捜査員たちは意を決した時でもあった。

一方、鈴木の自室の据置金庫内から発見した新宿区内の貸金庫関係の証拠品の分析から、中村は「浅野健夫」の偽名を用いて、この貸金庫内のA・B二ヵ所の金庫を契約中と認められた。さらに、事実確認をした結果、中村は、平成四年四月、千代田区鍛冶町の事務代行業者の所在地に設定した「パシフィック・エンタープライズ　浅野健夫」という架空名義で新宿区内のこの貸金庫と契約を結び、累計四ヵ所の金庫を使用したが、名張市に引っ越した後の平成九年一月には、大阪市北区の事務代行業者の所在地に設定した「フジキ・トレーディング　浅野健夫」という架空名義に変更登録していたことが判明した。

この新宿区内の貸金庫は、金庫内の物品を出し入れする場合、顧客が窓口で開扉申込票に必要事項を記載して受付に提出すると、受付係員が時刻を記載して、該当する貸金庫まで顧客を案内し、顧客が持参した鍵と貸金庫側が保管する鍵をそれぞれ差し込み、開扉する流れとなっていた。

警察庁長官狙撃事件が発生した平成七年三月三〇日当時、中村は、A・B・C三ヵ所の貸金庫を契約していたが、地下鉄サリン事件が発生した平成七年三月二〇日から麻原彰晃が逮捕された同年五月一六日前後の開扉時刻を確認すると、

| | | | |
|---|---|---|---|
| 平成七年三月二三日 | 午前9時40分 | A | 開扉 |
| 三月二八日 | 午前9時46分 | B | 開扉 |
| | 午後1時10分 | B | 開扉 |
| **三月三〇日** | **午前9時26分** | **B** | **開扉** |
| 四月一一日 | 午後4時45分 | B | 開扉 |
| 五月一七日 | 午後4時25分 | B | 開扉 |

という状況で、十数年間にわたりこの貸金庫契約をしている期間中、午前中の利用は、三月二三日から狙撃事件が発生した三月三〇日の間に集中していた。そして、この開扉時刻が、のちに中村が狙撃事件を実行したことを裏付ける重要な証拠となるのである。

また、この貸金庫の従業員四名に対し、個別に「中村泰」の顔写真を含めた同性同年代の人物五〇名の顔写真を提示して、「この写真の中に浅野健夫さんはいますか」と質問したところ、いずれの従業員も「中村泰」の顔写真を指示して、「この人が浅野健夫さんです」と申し立てた。

そのほかにも、中村が「浅野健夫」名義で契約していた事務代行業者、銀行、証券会社の担当者に対しても同様の写真面割《めんわり》をしたところ、いずれの従業員も「浅野健夫」と名乗る男が「中村泰」であることを指示した。

中村は、愛想が悪い上にしばしば苦情を申し立てるクレーマーだったため、写真面割をしたすべての従業員が「浅野健夫」について悪い印象を持ち、記憶に鮮明に残っていたことが決め手となった。

この結果を踏まえ、愛知県警察は、名古屋市の現金輸送車襲撃事件の公訴事実に基づき、中村が「浅野健夫」名義で契約していた新宿区内の貸金庫に対する捜索差押許可状を請求した。しかし、第一審の公判も中盤を迎えている時期に、またもやこの公訴事実で令状を請求することに裁判官は難色を示していた。それを十分承知していた愛知県警察の強者《つわもの》たちは理論武装して裁判官を説得し、捜索差押許可状の発付を勝ち取ったのである。愛知県警捜査第一課員と愛知県西署員は、まさに陰の殊勲者たちである。

着手日は、平成一五年八月二一日と決定した。三都府県の捜査員たちは、次々と解明されていく中村の素性に事件解決の期待をかけていた。この捜索差押え当時、中村は、新宿区内の貸金庫のうち、Cは解約してA・B二ヵ所の貸金庫を契約中だったが、そのいずれもが大容量の引き出し型で、中には、銃器・弾薬が大量に詰まっているものと見られた。ご丁寧なことに、中村は、この貸金庫の内容物をノートにメモしていた。そのノートを名張市の住居内で押収していたことから、三都府県の捜査員たちはことさら内容物に期待していた。そのため、捜索差押えには、科学捜査研究所の銃器担当の研究員たちも立ち会った。

案の定、二つの貸金庫からは、手入れが行き届いた真正拳銃が次から次と出てきて、立ち会っていた研究員たちは呆気にとられた。また、弾薬も、ホローポイントはもちろんのこと、フル・メタル・ジャケット、ワッドカッター、ハイドラショック、グレイザー・セイフティ・スラグ、ルガー等、珍しいタイプの実包が多く出てきた。

結局、二つの貸金庫内から、

**自動装填式拳銃四丁**
**回転弾倉式拳銃四丁**
**上下二連式拳銃一丁**
**サブマシンガン一丁**
**狙撃用ライフルの銃身一本**

**銃身と抽筒子《ちゅうとうし》（薬莢《やっきょう》を排出する部品）が外された自動装塡式拳銃一丁**
**（同銃の銃身と抽筒子は名張市の住居内で押収）**
**拳銃実包一〇〇六発**
**拳銃用空砲一〇発**

とこのほかに、空薬莢一個、拳銃部品、マシンガンの弾倉、青酸化合物等を発見した。

ただし、名古屋市の現金輸送車襲撃事件の公訴事実に基づく捜索差押許可状では、これらの銃器・弾薬等を差し押さえ、押収することはできなかった。大量の銃器・弾薬の所持という新たな犯罪が発覚したからである。そこで、この犯罪については、あらためて管轄する警視庁が東京簡易裁判所に対し、「銃砲刀剣類所持等取締法違反及び火薬類取締法違反」の犯罪事実に基づき差押許可状を請求して、すべての物品を差し押さえて押収することになった。残念ながら、押収した銃の中には、東村山署旭が丘派出所から強奪された拳銃も警察庁長官を狙撃した拳銃も含まれていなかった。

この日、事案の重大性にかんがみ、警視庁刑事部長を本部長とする「警視庁・愛知県・大阪府警察合同捜査本部」の設置が決定し、警視庁では、捜査第一課各係から捜査員が招集され、文京区内に捜査拠点を置き、中村泰に対する捜査を強力に推し進めることになったのである。

目的は、警視庁は警察庁長官狙撃事件の解決、愛知県警察は中村泰の余罪発掘、大阪府警察は大阪市内で連続発生した現金輸送車襲撃事件の解決にあった。

これまで水面下で静かに続けられてきた三都府県の隠密捜査が、本格的に軌道に乗るときがやってきた。しかし、徹底した情報管理の下、秘匿捜査は続けられていた。

## マスコミが気づいた

東京都内の治安を担当する警視庁は、中村泰が新宿区内の貸金庫に大量の銃器・弾薬を隠匿していたことで、管轄事件として、この「銃砲刀剣類所持等取締法違反及び火薬類取締法違反事件」を立件できる機会を得た。

これまでは、愛知県警察の尽力により、公判中の現金輸送車襲撃事件の公訴事実に基づき何通もの捜索差押許可状や検証許可状を請求してきたが、これからは、警視庁が、大量の銃器・弾薬の所持の犯罪事実に基づき各種令状を請求する役目である。差し当たり、この犯罪事実に基づき、再度、三重県名張市の中村の住居に対する捜索差押えを実施して証拠品を押収する方針を立て、着手日は平成一五年一〇月七日と決定した。東京簡易裁判所から捜索差押許可状の発付も得て、出発の準備は整った。ところが着手当日、急遽《きゅうきょ》中止となった。

それは、産経新聞が同日、「拘置の男　再逮捕へ」「大阪の銃撃と線条痕酷似」という見出しで、平成七年七月三〇日に八王子市大和田町のスーパー事務所内で発生した強盗殺人事件の被疑者として、警視庁が名古屋拘置所に在監中の中村泰を逮捕するかのごとく大々的に報じたからであった。

実は、大阪市内で発生した三件の現金輸送車襲撃事件のうち、平成一一年七月二三日に発生した東海銀行今里支店における強盗事件と、現金輸送車を襲撃した事件ではないが、平成九年八月四日、大阪厚生信用金庫深江支店内で発生した強盗事件は、いずれも「フィリピン製のスカイヤーズビンガム回転弾倉式拳銃が犯行に使用された可能性がある」という鑑定結果が出ていた。

八王子市のスーパー事務所内で発生した強盗殺人事件でも、同種のスカイヤーズビンガムが犯行に使用されていたことから、中村泰に対する捜査の初期段階で、私は、警察庁の附属機関である科学警察研究所に対し、各事件現場の遺留弾丸が同一のスカイヤーズビンガム型拳銃から発射されたものか、その異同識別を鑑定嘱託《しょくたく》していた。

その結果、大阪厚生信用金庫深江支店内の遺留弾丸とスーパー事務所内の遺留弾丸が、「同一拳銃による可能性が十分考えられる」という鑑定結果が得られていた。

これを契機として、東村山署特別捜査本部で進めていた中村泰に関する捜査に八王子署特別捜査本部が加わる形となったが、大阪厚生信用金庫の事件を検討すると、現金輸送車を対象としていないこと、店内で行員を威嚇《いかく》するために発砲していること、防犯ビデオ映像から犯人の風体や仕草が中村とは似通っていないことなどから、この事件は中村の犯行ではないものと結論付けていた。

ところが、いつの間にか、鑑定結果だけが一人歩きして産経新聞の知るところとなり、一面記事となってしまったのである。

当然、各報道機関は大騒ぎとなって、中村泰が世間から注目されることになり、今後の捜査が進めづらくなることは明らかだった。合同捜査本部では、しばらく報道合戦を静観していたが、せっかく発付を得た捜索差押許可状の有効期限が近づいていた。令状の有効期間は、令状発付の日から七日である（刑事訴訟規則第三〇〇条）。このままでは有効期限切れで捜索差押えができなくなってしまう。報道機関が騒いでいることを理由に失効させてしまった令状を再度裁判官に請求しても発付を得ることは困難である。

悶々とした時が流れていた。

〝名古屋高等裁判所で中村泰の控訴審が開かれる一〇月一四日、報道機関も控訴審に目を向けるだろう〟

そう考えた私は、有効期限ギリギリの一〇月一三日午後、捜索差押えに着手することを提案した。幸いその意見は採用され、静寂のうちに一〇月一三日午後に着手し、翌一四日夕方には終了して、報道機関に察知されないように、その夜のうちにトラックで東京に向けて証拠品を運び出した。

名古屋市内の現金輸送車襲撃事件で逮捕された中村泰は、平成一四年一二月一三日、強盗殺人未遂罪と銃砲刀剣類所持等取締法違反（拳銃発射、拳銃所持、適合実包所持）で起訴され、平成一五年九月二日、名古屋地方裁判所で懲役一五年の判決を言い渡されたが、中村は量刑不当を理由に控訴を申し立てていた。

その結果、わずかな審理を経て、平成一六年三月一五日、名古屋高等裁判所は、事実誤認を理由として原判決を破棄し、改めて懲役一五年の判決を言い渡したのである。

すなわち、中村には相当の射撃技量があり、強盗殺人未遂罪は成立せず、強盗致傷罪が成立するにとどまるとした。また、銃砲刀剣類所持等取締法違反についても、拳銃の発射行為をした場所が、銀行の支店駐車場という公共性を帯びる場所ではないことから、拳銃発射罪の成立を認めた原判決は法令の解釈適用を誤ったとして破棄した。

この中村の持つ相当の射撃技量について、裁判官は、「被告人は、実弾を含めて拳銃の発射訓練を十分に積んでおり、その技術は高度のものであって、本件においては、狙いどおりに着弾、通過させるだけの技術を有していたから、大腿部や身体の枢要部等に着弾する可能性があることを理由として未必の殺意があったとする原判決の認定は誤りである」などと説明した。

この控訴審の日程にあわせて捜索差押えに着手した結果、報道機関の取材も撮影もなく終了することができた。

その後、『週刊新潮』、『文藝春秋』が中村泰に関する報道を始めた。『週刊新潮』については、愛知県警察の画期的な提案から、平成一五年二月一三日号で、「この顔に見覚えはありませんか」と題して中村の逮捕時の顔写真を見開きのグラビアで紹介し、「東大中退『72歳銀行強盗』謎の経歴」という見出しで記事を掲載したことから、新潮社には中村泰に関する基礎情報があった。その後、新潮社は地道に取材を続け、産経新聞の報道が起爆剤となって一〇月二三日号で「『国松長官・狙撃犯』は東大中退の〝殺人鬼〟だった！」、「『八王子スーパーで3人射殺』と報じられた強盗犯の恐るべき正体」などと記事を掲載し、一〇月三〇日号では、「テロリストの根城」と題して名張市の中村の住居の外観写真を掲載した上、「『国松長官・狙撃犯』のアジトで発見された『犯行日記』」などと記事を掲載した。

さらに、月刊『実話ドキュメント』は、二〇〇三年一二月号で、「八王子『射殺強盗』と名古屋『銀行襲撃』使用拳銃の線条痕ほぼ一致!!」などと報じ、『文藝春秋』は、二〇〇四年一月号で、「東大中退『射殺魔』は国松長官狙撃犯か」などと報じた。

こうした報道合戦が続く中、合同捜査本部は故・鈴木三郎宅に対する再度の捜索差押えを始め、鈴木の実姉宅や義姉宅等に対する捜索差押えを実施して証拠固めを進めていた。

合同捜査本部の執拗な強制捜査に未亡人となった鈴木の女房は、精神的に打ちのめされていた。特に大阪府警察に対しては、夫を見殺しにされたという拭《ぬぐ》いきれない恨みを抱いていた。ただ、鈴木の行動を最もよく知っているのはこの女房である。担当管理官から特命を受けた私は、女房の気持ちに寄り添い、警察に対する恨みをほぐしていくことに傾注した。少しずつ、少しずつである。

時には警察やマスコミに対する恨みを聞き、突然夫を亡くした悲しみを受け止め、幼い子供たちを抱えて不安に思う将来を共に考え、名張市の住居内の整理や売却も手伝った。いつしか子供たちに、私は「東京パパ」として接していた。

やがて気持ちが通じてきたのか、平成一四年一一月二二日、名古屋で中村が現金輸送車を襲撃して現行犯逮捕された直後、鈴木は何者かによって電話で呼び出され、日付が変わった二三日未明、「名張のおじちゃんが東京に帰ることになったので見送ってきた」などと嘘を言って帰宅したことを話してくれた。

この証言に基づき裏付捜査をすると、中村の逮捕直後、鈴木は何者かと名張市の中村の住居に急行し、中村が最寄りの近鉄線「赤目口駅」前の駐車場に停めていた車を運転して名古屋市に向かい、中村が市内に契約していた出撃拠点のシャッター付きガレージ内の整理と解約手続きをしたことを確認した。その後、鈴木は連日、名張市の住居内の整理や各種の解約手続きなどをして、その過程で、大阪市内の鈴木名義の銀行貸金庫に拳銃三丁と実包五四発を移動させたことが分かってきた。

女房が述懐した。

「中村泰という名前は、警察の人から聞くまで知りませんでした。この人は、平成八年秋、私たち家族が三重県名張市に別荘を購入して間もないころ、管理という形で住むようになった方です。夫の説明では、昔からの友達で、東京大学へ行かれた頭の良い方ということでしたが、名前を聞いても教えてくれませんでした。自分のことを『名張です』と言うだけでしたので、いつの間にか私と子供たちは『名張のおじちゃん』と呼ぶようになりました。この人は、二年くらい前まで、半年に一度の割合でアメリカに二〜三週間旅行していましたので、その間は私たち家族が別荘の空気の入れ替えをしていました。しかし、この方が使っていた部屋は施錠されていた上、夫からも大事な書類があるから入室禁止と言われていたので、私や子供たちはその部屋に入ったことがありませんでした」

　中村は、善意ある鈴木の勧めで、平成八年一二月、東京都小平市のアパートから三重県名張市の鈴木名義の家屋に引っ越した。鈴木にしてみれば、六五歳を過ぎ、一人暮らしをしている中村の老後を気遣ってのことだった。自動車、自転車を買い揃え、悠々自適に老後を過ごしてもらうはずだった。しかし、中村は、生来の悪性を制御することができず、銃器を使用して現金輸送車襲撃事件を起こしてしまった。そして、逮捕されるや鈴木に依頼して、次々に困難な証拠隠滅をやらせた。鈴木は、面倒見の良さから中村の依頼を忠実に実行していったが、体調を崩した挙げ句、警察捜査の手が延びて、ついには生命までも落とすことになった。

鈴木は中村よりも一〇歳近く年下だった。鈴木は、中村のことを出来の悪い兄貴と思い、身の回りの世話をしてあげていた。そうでもしなければ、中村は、また悪事に走ると危惧していたのだろう。だから、鈴木は中村には遠慮なく小言を言って間違った行動を正していた。鈴木は、同じ刑務所で起居を共にした仲間を守っていた。鈴木もまた、身勝手な中村の犠牲になったのかもしれない。

鈴木の女房は、その後、積極的に警視庁や大阪地方検察庁に協力してくれるようになった。時には、夕食を作ってくれたり、帰京する私に、新幹線の中で食べる弁当まで用意してくれた。一七年が経った今でもときどき連絡を取り合っている。子供たちは巣立ち、責任ある立場で社会貢献に取り組んでいる。

## 満州から来た男

平成一六年の年明け早々、中村泰から警視庁に手紙が届いた。

内容は、「新宿の貸金庫に隠匿している銃器・弾薬はすべて私の所有物であることを認めます」というものだった。取り調べを担当する私は、「随分、あっさり認めるものだ」といささか気抜けしてしまった。これまでの捜査においても、新宿区内の貸金庫内から押収した銃器・弾薬は、中村がアメリカで入手して日本に密輸し、専属的に保管・管理していることが明らかになっていたことから、中村も、あえて否認することはしなかったのであろう。

ところで、中村がなぜ、新宿の貸金庫に隠匿していた大量の銃器・弾薬を警視庁が押収していたことを知ったのかという疑問が生じる。

実は、産経新聞が、平成一五年一〇月七日付の朝刊記事で、「拘置の男　再逮捕へ」等の見出しで八王子市大和田町スーパー事務所内拳銃使用強盗殺人事件の被疑者として中村を逮捕するかのような記事を掲載したことに続いて、日本テレビが、新宿の貸金庫から大量の銃器・弾薬を警視庁が押収したことを報道した。当然、各社は後追いで報道することになり、自ずと中村の知るところとなったのである。

しかし、私たちは、報道機関の場外戦に関知することなく、平成一六年二月五日、東京地方裁判所から中村泰に対する逮捕状の発付を得て、東京地方検察庁に対し名古屋拘置所に在監中の中村の移監手続きをとり、二月一二日夜、警視庁に移監した中村を、「銃砲刀剣類所持等取締法違反及び火薬類取締法違反事件」の被疑者として逮捕した。中村にとっては、平成一四年一一月二二日に現金輸送車の警備員に現行犯逮捕されて以来の逮捕である。

中村は、警視庁本部内の留置施設に収容され、取り調べは、この留置施設と繋がる取調室で行うことになった。警視庁本部内の取調室は、被疑者用と参考人用とで区別され、被疑者用は、クリーム色の壁に囲まれた窓のない細長い部屋となっている。鉄の扉を開けて室内に入ると、取り調べ用の机を挟んで、ドア側に取り調べ担当者、壁側に被疑者が着席する椅子が置かれ、取り調べ担当者の後方には、取り調べ補助者用の小さめの机と内線電話が置かれている。

取り調べは私が担当し、取り調べ補助者として二名の巡査部長が付いた。冒頭、取り調べ側三名は、起立して中村に一礼し、それぞれが自己紹介して取り調べを担当することを告げた。中村にしてみれば、取調官から挨拶されることは初めての体験だったらしく、やや呆気にとられ、慌てて起立して私たちに一礼した。

私が、逮捕状に記載された被疑事実の要旨を読み上げると、中村は、「こんなにたくさん実包がありましたか」と言いながら素直に逮捕に応じ、以後、「銃器・弾薬を集めて保管していたことは何ら恥じることではない」と自信に充ちた表情で淀みなく供述を始めた。中村は終始落ち着いていて、穏やかに取り調べに応じ、狼狽したりすることはなかった。

**【思想・経歴】**

父親が、南満州鉄道の技術者だったため、私は、少年期を父の赴任地の満州で過ごしました。満州では、拳銃は自宅にも友人宅にもある、ありふれた物でした。

私たち家族が東京に戻って間もなく太平洋戦争が勃発し、東京が空襲されるようになり、昭和一九年ころ、私たち家族は母の実家があった水戸に引っ越しました。私は、旧制水戸中学校に通いましたが、やがて水戸も空襲されるようになりました。戦局は悪化し、私は、父の勧めで中学校を休学して、水戸市郊外にあった橘孝三郎という人が創設した右翼団体「愛郷塾」の塾生として住み込みました。

この人は、五・一五事件で、農民義勇隊を指揮して変電所に手榴弾攻撃等をした人でした。この「愛郷塾」は農本主義を基本理念としていましたが、私は、これからの日本は工業や科学技術が発展するという、異なる考えを持っていましたので、半年くらいで塾を離れました。ただ、「愛郷塾」の塾生になったことで、五・一五事件で犬養毅首相を撃った正統派右翼の元海軍将校「三上卓」を知ることとなりました。

中学卒業後、私は、全寮制の旧制水戸高等学校に入学しました。寮には、左翼思想を持つ人が多く、私は次第に左翼思想に感化されていきました。東京大学に入学した後、私は青年共産同盟に入り、学費の値上げ反対や寮の改善を求めて、デモや集会に参加していました。このころ、国外では朝鮮戦争が勃発し、国内では血のメーデー事件、立川基地反対闘争が起きていました。私は、特に朝鮮戦争に大きな刺激を受け、反戦のための実力行使ができる陰の武装組織の結成を考えるようになり、資金や武器の調達をしていました。そうした中、武蔵野警察署の若い警察官を射殺する事件を起こしてしまいました。

八王子拘置支所在監中、私は写真雑誌『LIFE』で、キューバ政府軍と交戦し、壊滅的な打撃を受けて山中に立て籠《こ》もるカストロの率いるゲリラ部隊の写真を目にしました。その後、カストロの部隊は、ハバナに侵攻して大統領官邸を襲撃し、結局、政権を打倒したことで、とても刺激を受けました。

千葉刑務所服役中は、『ゲバラ日記』※がジャーナリストの間で騒がれるようになりました。ゲバラとは、アルゼンチン出身のチェ・ゲバラのことで、カストロの下、キューバ革命に参加し、ボリビアで没して有名になった人です。私はゲバラの生き様にとても感動しました。それは、革命に成功しても、その地位を抛《なげう》って、独裁政権に虐《しいた》げられている人民を解放するために戦い続けたからです。

結局、ゲバラはボリビア政府軍に捕らえられ、処刑されましたが、私は、『ゲバラ日記』が、紆余曲折を経て表に出たことを知り、出所後、この日記を原文のまま読みたくてスペイン語の勉強を始めました。

千葉刑務所を出所して間もなく、エンテベ空港事件が発生しました。これは、エールフランス航空機がハイジャックされ、ウガンダのアミン大統領がハイジャック機のエンテベ空港着陸を受け入れたことで、イスラエルの特殊部隊が同空港に強行着陸して、ほぼ全員を救出した事件でしたが、この事件で、私は、特殊部隊の存在意義を痛感しました。

七〇年代後半になり、中米のニカラグアでサンディニスタ革命が起きました。

この革命は、長年独裁を続けてきたソモサ一族が、オルテガを指導者とする革命軍に政権を打倒された革命でした。しかし、革命政権が樹立された後、コントラという反革命勢力との内戦が続き、停戦合意後、選挙により反オルテガ勢力が勝利しました。私は、ゲバラの影響で、このような革命には大きな関心を抱いていました。

※『ゲバラ日記』　アルゼンチン人革命家エルネスト・ゲバラは、メキシコで出会ったフィデル・カストロとともにキューバ革命を成功に導く。その後、一九六六年一一月からボリビアでゲリラ戦を展開していたゲバラが、翌年一〇月に政府軍に捕らえられて銃殺されるまでつけた日記。

**【構想】**

昭和五二年、「経団連事件」※が発生しました。

この事件を指揮した野村秋介は、千葉刑務所に服役中、よくお互いの考えを話し合った仲でした。秋介が、人が動くのは「理論」ではなく「情念」と言っていたことに共感していました。経団連事件を見て、私は、千葉刑務所で語っていたとおり、秋介には行動力と統率力があることを実感させられました。

私は、革命には程遠いにしても、武装組織を結成して行動するならば、日本国内が最適と思っていました。目を付けたのは、当時、政府もマスコミも取り上げていなかった「北鮮による邦人誘拐」でした。紅粉船長らが不法監禁された第十八富士山丸事件も発生し、社会主義国家と言っている北朝鮮が、中米の独裁政権に似てきたと思いました。

昭和五八年、経団連事件で服役していた秋介が出所し、翌年、千葉刑務所で同じ印刷工場にいた鈴木三郎も出所して来ました。当時、私には、陰の武装部隊を結成して活動する具体的構想ができていました。私は、服役中、鈴木に対して、「当面は、誘拐された邦人の解放に取り組みたい。政府が動かないとき、事態を打破するために動ける組織を作りたい」と訴えていました。鈴木は、私の考えに賛同はしてくれませんでしたが、秋介との連絡を取り持ってくれました。

私は秋介に賛同を求め、要員集めのための協力を依頼しました。秋介は、表の武装部隊を率いて経団連を襲撃した名の売れた人物でしたので、人を見る目も人を集める力もあると思っていました。この計画の途上、赤報隊による「朝日新聞社阪神支局襲撃事件」※※が起き、私は秋介に赤報隊の行動は否定するものの、赤報隊のように姿を現わさない部隊を作りたいと説きました。また、大韓航空機爆破事件が発生した際も、北朝鮮に対する邦人奪還の世論が盛り上がらないことを訴えました。ただ、秋介自身には、私が構想する地下組織結成の考えはありませんでした。

※「経団連事件」　昭和五二年三月三日、「大悲会」の野村秋介、楯の会元メンバー二名、大東塾

元塾生の計四名が〝ヤルタ・ポツダム体制〟を打倒し、戦後体制の欺瞞に鉄槌を下す目的の下、銃や日本刀を携行して経団連会館に侵入し、職員ら一二名を人質にして会長室等に立て籠もった事件。

※※「朝日新聞社阪神支局襲撃事件」昭和六二年五月三日、朝日新聞社阪神支局に侵入した男が散弾銃を発砲し、小尻知博記者（当時二九歳）を殺害し、別の記者にも重傷を負わせた事件（警察庁広域重要指定一一六号事件）。事件は、平成一四年五月三日付で公訴時効が成立した。犯人は、「赤報隊」を名乗り朝日新聞の論調を批判し続けていた。

## 【武器の調達】

私は、陰の武装組織を結成する構想を現実のものとするため、秋介への折衝に先行して、武器の調達を始めていました。武器の調達先はアメリカとし、ロサンゼルスを中心に数十回も出掛けました。理由としては、入手ルートが多様なことと、手に入る銃の種類が豊富なことにありました。結局、主要火器としてカラシニコフと呼ばれる銃床折り畳み式のＡＫＳ－47が七丁、サブマシンガンとしてウージーが二丁、ステンマークⅡが二丁、ＫＧ－９が二丁、補助火器としてベレッタM92自動装填式拳銃が五丁等、合計四〇丁くらいの銃を入手しました。その他、米軍用の手榴弾、防弾チョッキ、防毒マスク等も手に入れました。実包は、AKS－47に一丁当たり二五発入り弾倉二個分を用意し、その他様々な実包を含めると合計二五〇〇発程度を用意しました。

ところが、平成五年一〇月二〇日、野村秋介が何の予告もなく自決してしまいました。この自決は、私の計画遂行にとって大きな打撃となりました。それ以来、私は迷走してしまいました。

私は、アメリカで銃器・弾薬を調達するかたわら、渡航する都度、ロサンゼルス近郊の射撃場で訓練に励んでいました。時には指導者に付いて訓練をしていました。特に、武装組織の結成が頓挫《とんざ》した後は、高齢でも中米の革命軍に参加するためには自分を売り込む特技が必要と考え、スナイパーとしての技術を高めるための訓練に励んでいました。

渡航に使用する旅券は、実在する「小林照夫」という人物になりすましたり、「天野守男」という架空人物を騙《かた》って正規に申請して交付を受けた旅券でした。また、渡航後、銃器を購入する際の身分証明書に使用するため、早い段階で、カリフォルニア州発行の「Teruo KOBAYASHI」名義の運転免許証を現地で正規に受検して取得しました。

私は、この運転免許証を身分証明書として、銃砲店で拳銃を購入していましたが、地下の武装組織を結成する構想が具体化してからは、銃砲店や射撃場の客から紹介された銃器のブローカーと徐々に親密な関係を築き、ブローカー仲間のネットワークで、フルオート銃を探してもらいました。しかし、平成三年暮れころには、いったん銃の調達を中断しました。それは、銃器の蓄積だけが先行しても、それを使う要員の目星がつかなかったからでした。武器の入手に充てた資金は、先物取引で得た現金や実父の遺産で、合計三〇〇〇万～四〇〇〇万円を注ぎ込みました。

【密輸】

私は、手に入れた銃器や弾薬を、ダミー会社間の機械部品類の輸出入を装い、船便で日本に運んでいました。

ダミー会社の会社名は、アメリカ人が見ても違和感のない名称にして、たとえば、電機部品や精密機械の会社のような、「LARSEN ELECTRIC CO.」、「TECHNOCRAFT CO.」といった商号を使用しました。また、日本のダミー会社は、「ニチワ・トレーディング㈱」、「今井電機㈱」、「加賀商事㈱」等の商号を使いました。

私は、手に入れた銃器をロサンゼルス市内の定宿で分解して、同じくロス市内で調達した「BATTERY CHARGER」等の機械の中に実弾と共に入れて工作しました。一つの機械箱の中に、三〜四丁の分解した銃器を入れた後、他の機械部品を混入して、一見、銃器とは見られないように偽装しました。また、分解した銃器には鉛板を貼付して、税関のX線透視でも銃器の形状が写し出されないように細工しました。

こうした作業を経た後、機械類を入れた段ボール箱を運送代理店に持ち込み輸出手続きをすると、二〜三週間で東京や横浜に設定した郵便物受取代行業者に届いていました。

私は、これらの段ボール箱を受け取ると、当時住んでいた小平市内のアパートに持ち帰り、そこで分解した銃器を組み立てて、神田にあった貸金庫に保管していました。銃器を取り出した空の機械は、アメリカの「エージェントA」へ返品という形で送り返していました。

野村秋介が自決して、陰の武装組織を作る構想が潰《つい》えてから、必要なくなった自動小銃や短機関銃等は海に投棄していました。また、これらの自動小銃に使用する実包も、記念品として数発を残し、あとは廃棄しました。しかし、趣味で集めた逸品や珍品の銃は、未練が残って棄て切ることができないでいました。

その後、平成四年に神田の貸金庫が閉鎖されることになり、新宿の貸金庫に内容物を移動しました。この貸金庫の契約には、都内の電話代行業者の所在地を住所として設定した「パシフィック・エンタープライズ　代表　浅野健夫」という名称を使用しました。その後、三重県名張市に引っ越してからは、大阪市北区に所在する電話代行業者の所在地を住所として、「フジキ・トレーディング　浅野健夫」という名称に移転手続きをしました。

## 【小林照夫名義のパスポート】

私は、実在する小林照夫になりすましてパスポートを申請して交付を受けています。このパスポートの申請は、「エージェントB」の協力がなければできませんでした。実際、私がやったことは、身分証明のために運転免許証を偽造して用意したこと、市役所で小林照夫の戸籍抄本を入手したこと、パスポートの申請に行ったこと、パスポートの受領に行ったことくらいでした。実在する他人になりすましてパスポートを申請するには、まず、パスポートの発給を受けていない人物を探し出すことから始めました。そのため、海外旅行などしそうにない労働者から、自分と同年代の人物を見付け、その人の家を突き止めました。この作業は、「エージェントB」が担当してくれました。私は、「エージェントB」が手に入れた候補者の住民票から本籍を確認して戸籍抄本を入手し、大阪市中央区のパスポートセンターで申請しました。パスポートセンターからの通知が届くころ、「エージェントB」が候補者方付近で張り込み、郵便配達員が持って来た通知をポストから抜き取って来て、私はパスポートを受領に行きました。こうした方法で小林照夫名義のパスポートを手に入れました。

**【天野守男名義のパスポート】**

私は、実在する小林照夫名義のパスポートの有効期限が満了となったため、架空人物である天野守男のパスポートを申請して発給を受けました。架空人物のパスポートを入手するために私がやったことは、新聞や業界紙に掲載されている募集広告を探し、その募集内容だけを拝借して、ダミー会社名で同様の募集広告を出しました。その際のダミー会社の所在地は電話代行業者として、応募要項には、戸籍抄本、運転免許証のコピー等を同封することを要件としました。間もなく、電話代行業者に応募書類が届き、一〇～二〇件の応募があった段階で各応募者に断りの電話を入れました。そして、入手した戸籍抄本を基に、架空人物の戸籍抄本を偽造しました。その他、身分証明用に天野守男名義の運転免許証も偽造しました。

集めた戸籍抄本の中に岐阜県加茂郡八百津町発行の戸籍抄本を見付け、同町に本籍を置く天野守男の戸籍抄本を偽造しましたが、その理由は、ナチス・ドイツの迫害から逃れてきた難民に外務省の訓令に反してまでも大量のビザを発給して難民を救った外交官「杉原千畝《ちうね》」の出身地と言われていたからでした。私も難民を解放する人物になりたいという希望を込めたわけです。

また、天野守男名義のパスポートを利用して渡航するようになってからは、早い段階でアリゾナ州発行の運転免許証を取得しました。この運転免許証も現地で正規に受検して取得したもので、身分証明書として使用していました。

中村は、取り調べの際、「同志を売るような卑劣なことはできない」と、関係者についてはいっさいの供述を拒み、終始抵抗する姿勢を示した。また、共犯者、支援者が割り出されるおそれのある内容についても語ることはなかった。

中村が目指す武装組織は、決死の覚悟で作戦行動を遂行しなければならないため、同志相互の信頼関係こそが組織の基礎となるからであった。そのため、同志を売らないという鉄則があり、まして官憲には絶対に察知されないようにするため、同志に繋がる材料は微塵《みじん》たりとも出さないという信念があった。

しかし、中村が取り調べで話した「エージェントA」と「エージェントB」は、初期の捜査で割り出すことになる。

また、中村が特に強調していたことは、「北朝鮮による日本人拉致問題」であった。中村は拉致問題が表面化する以前からこれに着目し、武装組織を結成して朝鮮総連幹部を拉致して、北朝鮮政府と人質交換を条件に交渉し、拉致被害者の解放を図ろうとしたことを熱く語った。

その前提として、主要な朝鮮総連幹部に対する内偵調査をしていたと言い、事実、拉致候補となった同総連幹部の住所・氏名を明確に記憶していた。

そして、中村は、仏国シャルル・ド・ゴール大統領の暗殺計画を描いたF・フォーサイス著『ジャッカルの日』（角川文庫）をバイブルとしていた。

ド・ゴール大統領のアルジェリア政策に反発する秘密軍事組織（略称ＯＡＳ）は、

六回にわたり大統領の暗殺を企図したが、ことごとく失敗して窮地に陥り、射撃の腕が超一流のイギリス人殺し屋を雇う。その男の暗号名は「ジャッカル」。ジャッカルは、自分に似た人物のパスポートを盗み、変装道具を用意して、他人になりすまして活動を始める。そして、松葉杖に偽装した特殊な銃と殺傷力の高い弾丸を用意して、狙撃による暗殺を計画し実行に移すドキュメンタリー小説である。

私は、通勤電車等で、何回もこの本を読み返して取り調べに臨んだが、そこには、中村の野望を実現するためのヒントが多く詰まっていた。

警視庁が中村を逮捕した時点で、本名・偽名を用いて中村が開設した金融機関口座は国内外含めて六〇口座、偽名で契約した事務代行業者は国内外含めて三〇社、使用した偽名は三〇種類に及んでいたが、さらに解明中であった。

# 第三章● タイム・リミット

中村がコルト・パイソンを購入した「ウェザビー」本社

## はたして私を逮捕できますか

平成一六年三月四日、東京地方検察庁は、「銃砲刀剣類所持等取締法違反及び火薬類取締法違反事件」で中村泰の公訴を提起した。これを契機に、私は本題であった警察庁長官狙撃事件の取り調べを開始した。

取り調べに先立ち、私は念のため、商社マンだった中村の弟に対し、「兄の中村泰は警察庁長官狙撃事件の犯人と思うか」と聞いてみた。それに対し弟は、

「狙撃事件が起きたとき、とうとう兄はやってしまったと思いました。千葉刑務所を仮出所したころから、兄はいずれ警察のトップを倒すと言っていました。それに、あんな大胆な事件を起こす人は、兄以外にいません。兄くらいしかやらないですよ」

と躊躇《ちゅうちょ》することなく語った。この弟の言葉は、私を精神的に後押ししてくれた。

起訴前の取り調べでは、狙撃事件にいっさい触れなかった。勾留事実である「銃砲刀剣類所持等取締法違反及び火薬類取締法違反事件」の起訴に資する証拠固めだけに終始した。中村自身もそれを分かっていたのか、狙撃事件については何も語ることはなかった。

警察庁長官狙撃事件で中村の取り調べをする根拠は次のとおりである。

○　中村の住居において、警察庁長官狙撃に関与した内容の詩約六〇篇を記録したフロッピー・ディスクを押収したこと

○　中村が拳銃、実包の隠匿場所としていた新宿区内の貸金庫は、使用の都度、貸金庫の開扉時刻が記録されるが、事件発生当日の平成七年三月三〇日の開扉時刻は、「午前九時二六分」であり、犯行後、犯行使用拳銃等を隠匿したものと認められたこと

○　犯行場所となった荒川区南千住に位置するアクロシティからこの新宿区内の貸金庫までの所要時間を実査すると、発生時間の午前八時三一分を起点として、最寄りのいずれの交通機関を利用しても、貸金庫開扉時刻の午前九時二六分までに到着できること

○　中村の住居において、南千住駅からアクロシティまでの道順を鉛筆でなぞった地図を押収したこと

○　中村の住居において、警察庁長官狙撃事件に関する新聞記事、雑誌記事、これらの複写を多数押収したこと

### ○中村が、アメリカで大量の拳銃、実包を入手して国内に持ち込んでいたこと
### ○中村には高度の射撃技量があること

起訴後、これらを根拠として取り調べを開始したが、最終的に、揺るがすことのできない確固たる証拠を積み上げていくことになる。

「國松孝次警察庁長官狙撃事件についての関与は肯定も否定もしない」

開口一番、中村が言い放った。

宣戦布告とも取れるこの言葉に、中村を一ヵ月近く取り調べてきた私たち取り調べチームに動揺はなかった。

とにかく先手先手で質問して、中村に抗弁する余裕を与えなかった。時には揺らいで狙撃事件の話をするが、いつの間にか第三者的に事件について評論を展開する。主語に「私」とか「俺」という言葉は意識して用いない。「～ということが考えられるでしょう」、「～ということが言えます」などと、評論家気取りである。感触的にはホシだが、何となくしっくりこない。それでも、狙撃事件の現場における動きを中心に聞いていくと、裏付けが取れる話をする。しかし未完成である。

私が、

「なぜ、出勤時を狙撃したのか」

と聞くと、中村は、

「毎日、決まった時刻に出勤するからです。帰宅時を狙うとしたら、帰宅時刻は一定しないから、長時間の待ち伏せが必要となり、その間に目撃されるおそれがあると考えたのでしょう」

と答える。

「警察庁付近での狙撃は考えなかったのか」

と続けると、

「霞が関界隈は、通行人が多いため、目撃者も多数となる。何しろ、警察の警備が厳重だから狙撃は無謀です。暗殺方法としては、接近して近距離から撃つしかない。作戦としては無謀と考えられるでしょう」

と論評していた。

そこで、私は、中村のプライドをくすぐる手法を試みた。

警視庁科学捜査研究所で銃器鑑定を担当する研究員を取調室に呼んで、銃器に関する中村の知識を検証してみた。まず、自動装塡式拳銃を中村に手渡してから、数点の工具類を用意して、拳銃を完全に分解させた。続いて、分解した拳銃について、一つ一つの部品を説明しながら、元どおりに組み立てさせた。その光景を見ていた研究員の目が丸くなった。

「これはすごい。分解のスピードといい、部品を説明しながら組み立てていく要領といい、すべて理に適《かな》っている。銃の扱いには相当慣れている」

次に、空撃《から》ちをさせてみた。空撃ちとは、銃に実包を装塡しない状態で、標的に照準を合わせて引き金を引く訓練で、スポーツで言うならば、準備体操に似たものである。やはり、中村の空撃ち時の安定感は予想以上に優れていた。通常であれば、引き金を引く度に拳銃がぶれてしまうものだが、決して腕力が強いわけではない中村が、いざ拳銃を構えると、ボルトで固定したかのように腕が動かなくなった。長年の訓練で培った賜物なのであろう。その姿を見ていた私も、〝中村は、ターゲットを確実に撃ち抜くだけの能力を持っている〟と思わずにはいられなかった。

中村は表情こそ変えないものの、引き金の引き方、発射と同時に撃鉄を起こす方法などを、口を尖らせて得意げに話していた。拳銃を手にして調子に乗れば、中村も饒舌《じょうぜつ》になることを認識した。

一方、警察庁長官狙撃事件について中村を追及するタイミングで、新潮社は、『新潮45』二〇〇四年四月号に「国松長官狙撃犯と私」と題した中村の手記を掲載した。

この手記によって中村は、「はたして私を逮捕できますか」などと警視庁を嘲笑《あざわら》い、防御壁を構築したかったのであろう。手記は、狙撃者を「ゴルゴ」と称して事件全体を第三者的に詳しく解説し、論評している。

しかし、その内容を吟味すると、あえて事実に合致する部分と異なる部分を混在させている。警察内部に、「中村は犯人に間違いない」とする犯人肯定説と、「中村は犯人ではない」とする否定説を作り上げ、相互に無駄な議論をさせて内部分裂を企図したのであろう。それが中村の好む謀略というものらしい。しかし、人一倍偏屈な私は、そんなクダラナイ謀略にはまったりはしない。はまったふりをして、逆に中村を策に溺《おぼ》れさせていく。中村の取り調べは、まさに神経戦そのものだった。

取り調べをしていると、とかく上司が描いた事件のストーリーと被疑者の供述が合致しない場面に遭遇する。言い換えれば、上司の思惑どおりの供述を引き出せないことがしばしばある。すると、上司から、怒鳴られ、貶《けな》され、人格否定をされた挙げ句、

「お前はホシに騙されている。お前みたいな無能な奴は取り調べなんか止めてしまえ」

などと烈火のごとく叱られることがある。

そうした経験をたくさんしてきた。しかし、〝事実は小説より奇なり〟とはよく言ったもので、実際の事件は経験則や先入観だけでは計り知れない展開をすることがある。

苦し紛れに、「そんなに文句を言うのなら、あんたが取り調べをすればいいじゃないか」などと無用な反論をする激昂型の捜査員は取り調べには向かない。ここはジッと耐え、何ものにもとらわれず、何ものをも恐れず、自分と取り調べ補助者の能力を信じ、愚直に証拠に基づいた取り調べに臨むのである。

この中村の取り調べでも、誤った先入観を持つ上司と、狡猾《こうかつ》な中村の狭間でもがき、私は精神的に追い詰められた。

時には、体が動かなくなってしまい、朝、目が覚めても布団から起き上がれず、同僚たちに引きずり出されるように取調室に向かうこともあった。自宅の周りには朝晩とも記者が待ち構えているため、捜査の渦中にいるときは、警視庁の施設に泊まり込んでいる。心療内科で診察を受ければ、ただちに要休養を言い渡される状態でもあった。そこまで取調官は追い込まれていく。

だが、そこまで至らないと、殺人等の凶悪事件の被疑者から真の供述を引き出せない場合もある。被疑者も取調官の様子を細かく観察して、〝この人に自分の人生を預けても大丈夫だろうか〟と推し量っている。

麻原逮捕後、高井戸署特別捜査本部で取り調べを担当したときも、三ヵ月の取り調べで心身共にすり減らし、一〇キロも体重が落ちて五〇キロ台になった。しかし、そのときに得られた供述は、主犯格を死刑判決に追い込む迫真に富んだ信憑性の高いものだった。先入観や経験則ではなく、証拠品、証拠となるデータ、真実に基づく証言等に裏付けられて、初めて供述に信憑性は生まれるものである。

あるとき、野村秋介の著書『さらば群青――回想は逆光の中にあり』（二十一世紀書院）の一節を中村に朗読して聞かせたことがあった。中村は、じっと聞き入っていたが、突然、大粒の涙を流して嗚咽《おえつ》が始まった。

「読んでみるか」と勧めると、神妙な表情でうなずいて、ハードカバーのその本を手に取った。中村の目が一文一文を追っていくのが分かる。次第にすすり泣き、また嗚咽が始まったかと思うと、立ち上がって大泣きした。「どうした。大丈夫か」と声をかけても返答すらできない。私には、その姿が意外に映った。

通常、凶悪事件の取り調べでは、反抗的でも、ふて腐れていても、落胆していても、言い訳を親身になって聞いてやると、徐々に心が解けていくことが多いが、中村の場合は違った。性格は冷酷で、理詰めで攻めても、情に訴えてもいっさい動じない。その中村が涙を流して大泣きしている。同志の鈴木三郎が亡くなったことを知らせても、涙さえ見せなかった中村が大泣きしている。「こんな所に弱点があったのか」と、思いを新たにさせられた。

以降、中村が志向した新右翼や左翼思想を議論する方向へ取り調べの戦略を変更していった。それが功を奏したのか、少しずつ供述は引き出せていたが、それでもお互いに手の内を読み合いながら会話する神経戦が続いた。

そして、五月末、タイム・リミットを迎えることになった。

## 最終日の供述

取り調べ中、中村が一貫して供述していたことは、

「狙撃事件の犯人になり得るためには、

①　國松孝次警察庁長官の私邸の住所を知り得たこと

②　朝鮮人民軍記章を入手できたこと

③　高度の射撃技量があったこと

④　コルト社製の長銃身のパイソン型拳銃とフェデラル社製の357マグナム・

ナイクラッド・ホローポイント弾を入手できたこと以上、四つの稀少条件をすべて充たすことができなければ不可能です」

ということだった。

そして、最終日の五月三一日、中村は曖昧《あいまい》ながら語った。

**【諜報活動】**

私は、平成七年一〜三月ころ、千代田区霞が関の警察庁に対して諜報活動をしていました。地下鉄サリン事件が発生する前の警察庁のある合同庁舎二号ビルは、警戒しているとは思えないほど簡単にビル内に入ることができ、ましてビルから出るときは、守衛はまったく警戒していませんでした。警察庁長官室の手前にある秘書室の扉は、昭和初期に作られた木製の扉で、鍵はワード（Wards）とレバー・タンブラー（Lever Tumbler）を組み合わせた単純なものでしたので、同種の合鍵かピッキングで簡単に開けることができました。扉にはセンサーの設置もありませんでした。この手法で、警備局長室にある重要書類の窃視や複写も可能でした。

**【朝鮮人民軍記章】**

國松警察庁長官の狙撃場所付近に落ちていた朝鮮人民軍記章は、日本国内では製造されていません。この記章の左側に描かれた歯車は工場労働者を表し、右側に描かれた稲穂は農民を表すと言われています。もし、これがレプリカであるとしたら、KCIA、つまり韓国国家安全企画部が対北工作用に作った物で、記章裏面には、工作員を潜入させる際、潜入先の部隊名等を打刻するため何の記載もなく、服に付けるための縦ピンだけが付いています。『新潮45』の私の手記の中で「たとえ一部員の行為とはいえ、これが情報機関から出たという厳粛な事実をお忘れなく」と書いたことは、KCIAに対し、「所属部員から手に入れた物だから、余計なことは言わない方がいいですよ」と牽制《けんせい》する意味であり、「情報機関の厚い壁に立ち向かっても結局は徒労ですよ」と書いたことは、警察当局に対し、捜査しても裏付けは取れないと忠告したという意味です。

**【アクロシティの状況】**

國松警察庁長官が住んでいたアクロシティは、荒川区南千住に所在する高級高層マンション群で、國松氏が居住していた部屋は、Eポート●●●号室になります。狙撃地点からは、Eポートの玄関は植込みがあるため見えませんが、玄関を出た後、公用車に乗るまでの間に、同氏を確認できれば狙撃は十分に可能です。

**【狙撃準備】**

長官公用車は、出勤時間ギリギリまで、アクロシティ東側の周回道路で待機しています。逃走用に自転車を使ったのは、痕跡を残さないためで、バイクは足がつきやすい上、そもそもアクロシティの敷地内はバイクの乗り入れが禁止されています。自転車は、狙撃後、すぐ飛び乗って走り出せるようにスタンドは下ろさずにFポートの側壁に立てかけておきました。自転車は、近隣に放置されていた自転車を調達し、黒色の目立ちにくいママチャリを選びました。

**【八インチ銃身※のパイソン】**

『新潮45』に掲載した私の手記の中に、長官を狙撃した際に使用した銃は、コルト・パイソン・ハンターと書きました。そして、私は、以前、このハンターとほとんど同型の八インチ銃身のパイソンの精度テストをしたことがあるとも書きましたが、この銃は、私が保有・管理していた銃でした。

※「八インチ銃身」　一インチが２・５４センチメートルであるので、八インチでは、２・５４センチ×８＝20・３２センチとなる。拳銃の弾丸を発射する筒の部分、つまり銃身の長さが20・３２センチの銃のことで、長銃身であるため命中精度は高くなるが、その代わりに持ち運びは不便である。一般には、四インチ銃身程度の銃が多い。

**【弾薬】**

私は、平成元〜二年にかけて、アメリカの西部地域で様々な弾薬を購入しました。購入先は、銃砲店、ブローカー、ガン・ショーでしたが、その中には、狙撃事件で使用された３５７マグナム・ナイクラッド・ホローポイント弾もありました。

**【銃の処分】**

野村秋介が自決して、私の構想が頓挫した後、私は悩んだ挙げ句、平成六年に入ってから、必要のなくなった銃器・弾薬の廃棄を始めました。夜間、東京の竹芝桟橋から大島へ向けて航行する東海汽船の船上から海中へ投棄していました。

大島へは合計五〜六回行きましたが、最後は平成七年四月ころでした。

**【射撃の技量】**

私は、昭和六一年以降、アメリカの西部地域等で射撃の技量を磨いていました。元来、私は、銃に非常に興味があったため、渡米すると、銃の入手と射撃訓練に没頭しました。初期のころは、インストラクターの指導を受けたこともありましたが、その後は、私自身がインストラクターを務められる程度に技量が向上しました。それでも、私は、数十ヵ所に及ぶ射撃場や山間部等で自主練習を重ねました。そして、高精度の銃とそれに適合する弾薬を用いれば、二五ヤード（二二・八六メートル）先の標的の中心部に着弾させることができるようになりました。訓練のために消費した弾薬は、合計一万発くらいと概算しています。

三重県名張市に引っ越してからは、技量の維持と残っていた弾薬の消費のため、奈良県山中で射撃をしていましたが、そのときでも、私は、自分の技量が著しく低下しているとは感じませんでした。

こう言い終えると中村は留置場に戻っていった。

持ち時間内に、私は中村を「落とす」ことができなかった。

警察庁長官狙撃事件に関して中村から引き出せたのは、迫真性に乏しい曖昧な話だった。

平成一六年六月一日、中村は東京拘置所へ移監となった。

## 「真犯人しか知り得ない事実」を話した男

合同捜査本部の懸命な捜査により、平成一三年一〇月五日に発生した「三井住友銀行都島支店における拳銃使用現金輸送車襲撃事件」が中村泰の犯行であることが裏付けられ、間もなく、大阪府警察が中村を逮捕する方針が立てられた。

事件は、平成一三年一〇月五日午前一〇時二五分ころ、大阪市都島区に所在した三井住友銀行都島支店東側駐車場において発生した。

現金輸送車から降ろした現金五〇〇〇万円等在中のジュラルミンケースを左手に持ち、そのほかに書類袋三個を右手に持って通用口に向かっていた警備員（当時五三歳）に対し、中村は、自動装塡式拳銃で弾丸一発を発射して、同警備員の左下腿部に命中させ、ジュラルミンケースを強奪した。この銃撃により、警備員は、加療約一年五ヵ月を要する左下腿開放性骨折・貫通銃創の傷害を負った。

　この事件で中村は、約一二・五メートルないし一三・一メートル離れた地点から、左手にジュラルミンケースを持って歩く警備員の左足の動きを予測して、ピンポイントで左下腿部に命中させる高度の射撃技量を見せつけた。

　合同捜査本部が、中村の犯行と認めた根拠はいくつもあったが、決定的な証拠は、現場に遺留された薬莢が、新宿区内の貸金庫から押収した自動装塡式拳銃ベレッタM92（「銃身」と「抽筒子」が外されたもの）から発射された弾丸の薬莢と特定できたことにあった。この拳銃は、平成元年四月一八日、中村が、米国カリフォルニア州の銃砲店で、小林照夫名義のカリフォルニア州発行の自動車運転免許証を身分証明として購入したものだった。

　そのほかにも、中村の住居に対する捜索差押えから、犯行現場に乗り付けた盗難車の本来のナンバープレートを押収したこと、現金輸送車の動きを下見したメモを押収したこと、薬莢を弾き出すベレッタM92の抽筒子を発見したことも根拠となった。

　こうした事実を基に、大阪地方検察庁と協議した結果、平成一六年六月一一日、大阪府警察本部捜査第一課は、東京拘置所から大阪府警察本部に中村を移送した後、「強盗殺人未遂及び銃砲刀剣類所持等取締法違反」の被疑者として逮捕し、同時に都島署に捜査本部を設置した。これに伴い、私は、大阪市北区南森町に1Kのマンスリーマンションを借り上げ、六月中、大阪府警察と共に捜査を進めていった。

この取り調べは、大阪府警捜査第一課のベテラン刑事が担当して関西風の抑揚で攻めまくり、中村もタジタジとなっていた。それでも中村は否認を押し通し、供述調書の作成にも一貫して応じなかった。しかし、大阪地方検察庁はそれまでに収集した証拠を基に、七月二日、中村の公訴を提起した。

その後も、大阪府警察は、平成一一年三月五日に発生した「三和銀行玉出支店における拳銃使用現金輸送車襲撃事件」で中村を再逮捕する方針を立てて強力に捜査を続けていた。この事件では現金の被害はなかったものの、やはり警備員が自動装填式拳銃により銃撃されて負傷していた。

大阪府警察は懸命な捜査で情況証拠を積み重ねていったが、犯行使用拳銃が特定できないなど、否認する中村を逮捕しても、起訴に持ち込めるだけの証拠固めに難航していた。それを知ってか中村は、「この事件は棚上げということで、どうでしょうか」などと、三和銀行玉出支店の事件は捜査保留にすることを提案するなど、大阪府警察を挑発していた。結局、三和銀行玉出支店の強盗事件と東海銀行今里支店の強盗事件については未解決のままとなった。

　こうした中、次なるアクションが起きたのである。

　平成一六年七月七日、産経新聞朝刊が警察庁長官狙撃事件に関して、「オウム元幹部を強制捜査」というスクープを一面で報じた。

　事実その日、公安部が率いる南千住署特別捜査本部は、警察庁長官狙撃事件の犯罪事実に基づきオウム真理教関係者三名を逮捕し、あわせて、オウム真理教元幹部一名を別件の爆発物取締罰則違反で逮捕した。この新聞紙面を見ただれもが、これで警察庁長官狙撃事件は解決すると思ったに違いない。

　確かに、合同捜査本部の中にも、中村に対する捜査は終結して任務解除となり、それぞれの所属部署に復帰すると予想した者は多かった。落胆して厳しい表情をしながらも、内心は難しい捜査から解かれることに安堵していたのかもしれない。

　すると、昼過ぎ、私は担当管理官から指示を受けた。

「捜査第一課長からの命令だ。これから大阪府警本部に行って中村の取り調べをしてくれ。大阪府警には連絡をしておく」

　私は、管理官から指示を受けたとき、〝南千住署特別捜査本部が、警察庁長官狙撃事件でオウム真理教関係者を逮捕したことを中村に告げて反応を見ろということだな〟と察した。このころ、合同捜査本部の拠点は文京区内から新宿区内に移転していた。

早速、大阪市中央区のビジネスホテルを予約し、新宿駅に向かった。大阪への出張は、この捜査を通じて何度となく経験していた。独りでも何の不安もなかった。むしろ、大阪府警察本部の取調室で、中村がオウム信者の逮捕を知って、自分の無実が証明されたと喜ぶ姿を想像してしまい癪《しゃく》に障《さわ》った。その反面、もし中村が、オウム真理教関係者の逮捕に驚きを示したならば、自供を引き出す絶好の機会になるとも考えていた。

夕方、大阪府警察本部に着くと、共に中村を捜査してきた大阪府警捜査第一課の面々が、各紙の夕刊記事を切り抜いておいてくれた。

〝ありがたい。大阪府警に感謝だ。それにしても、東京で発生した事件なのに、関西でもこんなに大きく報じているのか〟

とびっくりさせられた。大阪府警の担当取調官に聞くと、中村にはまだオウム関係者四人の逮捕を告げていないという。一報を耳にしたとき、果たして中村はどんな表情をするのか。

夕食後、大阪府警察の担当取調官が中村と雑談した後、私は中村がいる取調室に入った。冒頭、〝恋人〟と紹介されたのはこのときだ。そこは、警視庁本部の取調室に比べると幾分狭く感じ、取調官と被疑者の距離も近かった。

「おーっ」と中村から驚嘆の声があがったかと思うと、満面の笑みを浮かべて、「わざわざ東京から来たのですか。今朝、産経新聞が『オウム信者逮捕へ』と飛ばし記事を書いていましたね。長官狙撃事件でオウム信者を逮捕するとは……」と言い出した。

私は中村の言葉をさえぎって、「飛ばし記事ではない。本当に逮捕したよ」とさり気なく告げながら、大阪府警が用意してくれた新聞記事を机上に並べた。中村の笑い顔が次第に強張っていくのが分かった。

「えっ……」

「なんとしたことか」

「公安部は今後どうするつもりですかね」

と漏らし、中村はしばらく沈黙してしまった。

そして、「結末が付けられないでしょう。完全に誤認逮捕ですから」などと続けた。

当初、想像していた「自分の無実が証明されて喜ぶ中村」とは真逆の反応だった。

私は、

「この狙撃事件の犯人逮捕を受けて、刑事部幹部に向けて何か話しておきますか」

と中村に促した。すると、中村は口を真一文字に結んで考えをめぐらし始めた。

「そうですね、せっかく大阪まで来てくれたのだから、手土産を持たせましょう」

そう言って中村は語り始めた。

「三月三〇日の何日か前、確か三月二八日でしたが、この日は風が強い日でした。警察庁長官の公用車の近くで、長官の出勤を待つコート姿の二人の男性がいました。この二人は、Eポートの玄関から出て来た人物に歩み寄ると、三人はEポート内に入ってしまいました。この二人は、南千住署の警備係というよりは上級の立場にある警察関係者と思われました。重要な案件があってわざわざ國松長官の出勤前に来訪したと思いました。このことにより、警備態勢が強化されるのではないかと思い、狙撃当日の三月三〇日は、SPもろとも撃ち倒すためにサブマシンガンも携行しました」

「それと、この日、長官公用車が替わっていました。車は同じ黒色の日産プレジデントでしたが、ナンバーが違っていたことで分かりました。うろ覚えですが、替わる前後ともナンバーは『品川33』だったものの、ひらがなの部分が、替わる前は『り』でした。私は公用車を防弾仕様にしたとも考えましたが、乗車する前に狙撃するわけですから、車の変更は特に問題ありませんでした。でも、警備態勢が強化されるのではないかと類推しました」

「それと、長官の私邸があるEポートの集合郵便受けには『国松』と姓のみが表示されていました。『国』の字が、『国』なのか『國』なのかは覚えていませんが、部屋の表札は『國松孝次』となっていました。このことは主に『支援者』の報告で知りました」

「狙撃後、銃を新宿の貸金庫に戻し、帰宅のため中央線下りに乗車して武蔵小金井駅で下車すると、南口の改札に一人、北口に至る跨線橋に一人、北口の改札に一人、少し離れた所に一人、制服の警察官が立っていました。この警察官は制帽ではなく、機動隊がかぶるようなキャップ式の帽子を被っていました。物々しい緊急配備でした。私は北口ロータリーからバスに乗り、小平市の自宅アパートに帰りました」

　話し終えると、中村は幾分笑みを浮かべながら、

「必ず裏付けが取れますから捜査してみてください。これで刑事部幹部も安心して眠れるでしょう。それにしても、公安部はどうするのですかね。今後の成り行きを見ていましょう。しかし、オウム信者を逮捕してしまったからには、私を立件するときはハードルが高くなりましたね。九九・九％の証拠固めができないと立件しないかな」

　と付け加えた。

私は、取り調べを終えると、警察本部庁舎の外に出て、担当管理官と捜査第一課長に電話で中村の供述内容を報告した。二人とも安堵しているように受け取れたが、最も安堵していたのは私だったのかもしれない。この電話報告をしているとき、ライトアップされた大阪城の天守閣が目に入った。その艶やかで美しい姿に心地よい衝撃を受けながら、私は今後の捜査を案じていた。

結局、大阪府警察本部で中村が話していたとおり、七月二八日、東京地方検察庁は逮捕したオウム真理教関係者を処分保留のまま釈放、九月一七日に不起訴が決定した。

一方、中村がこの日話した「支援者」について、その後の取り調べでは「ハヤシ」という仮称で話すことになった。「ハヤシ」は、狙撃の下見や送迎の支援をしたと考えられたが、この人物を割り出すために相当の期間を要することになった。

## 逃走経路

処分保留のまま釈放になったとはいえ、警視庁捜査第一課にとってオウム真理教関係者の逮捕は大きな打撃となった。

連日、厳しい指示を出していた捜査第一課長は、すっかり意気消沈して別人のように寡黙になってしまった。そして、中村泰の捜査を強力に進めていた合同捜査本部は、大阪市内で連続発生した現金輸送車襲撃事件の捜査に進展がないことや、愛知県内における中村の余罪がないことなどから、平成一六年八月末をもって閉鎖することになった。

私は、「愛知県警察も大阪府警察も所期の目的を達成したからには、警視庁も目的を達成しなければならない」と肝に銘じていた。

警察庁長官狙撃事件への中村の関与が疑われている以上、捜査第一課としては捜査を継続しなければならなかった。結局、立川市内に捜査拠点を設け、殺人犯捜査担当の係長だった私を頭に一〇名程度の態勢で継続捜査する方針を立てた。そして、東京地方検察庁がオウム真理教関係者を不起訴にした時点で、本格的に捜査を再開した。

このころ、中村は大阪府警察本部から大阪拘置所に移監になっていたため、私は取り調べ補助者の巡査部長を伴って、一〇月から翌平成一七年三月にかけて、毎月二～五日間、大阪拘置所で中村の取り調べに従事した。それと並行して、各捜査員は、中村の関係者の割り出しに力を入れることになった。

取り調べに際して中村は、相変わらず警察庁長官狙撃事件について持論を展開したいらしく、言葉を選びながら、第三者的な立場で評論を繰り返していた。

表向きは、「國松孝次警察庁長官狙撃事件についての関与は肯定も否定もしない」という態度を堅持していたが、気分が乗ってくると、実際に体験した者でなければ表現できない内容を具体的に語り始め、ふと我に返ると口籠《くちご》もるという状態になっていた。

私は、平成一六年中には、中村が警察庁長官狙撃事件に関与したことを決定的に裏付ける供述、つまり「秘密の暴露」を得ようと計画していた。「秘密の暴露」とは、すなわち、真犯人しか知り得ない内容の供述のことであり、その供述内容が裏付捜査によって確証が得られれば、その供述は真犯人を特定する有力な証拠となるわけである。

たとえば、拳銃を使用して強盗事件を犯した者が、事件の発覚を恐れて拳銃を山中に埋めて隠匿したとしよう。その後、この強盗犯人が逮捕されて警察の取り調べで、犯行に使用した拳銃の隠匿場所を具体的に供述して現場に案内し、供述どおり拳銃が発見されれば、これが「秘密の暴露」となるわけである。

平成一六年一一月九日（火曜日）から始まった取り調べで中村と会話するうち、私は今回の取り調べで、有力な供述を引き出せるという感触を得ていた。その感触を具体的に説明することは難しいが、いわば、被疑者と取調官の間に生じる阿吽《あうん》の呼吸のようなものである。

この取り調べでは、まず、「狙撃に使用した拳銃は、どこで購入したのか」という拳銃の入手先と、「狙撃後、自転車で逃走した際、どこまで自転車で逃走し、その自転車はどのように処分したのか」という逃走用自転車の遺留場所等の疑問を解消することを目標とした。逃走用自転車については、南千住署特捜本部でも特定するに至らず、ニュース報道にもなっていなかったことから、この二つについて供述を引き出して、その裏付けが取れれば、まさに「秘密の暴露」となる。

そこで、私は中村に対して、

「今後も捜査第一課で警察庁長官狙撃事件を捜査するには、中村さん、あんたが真犯人であるという確証がなければならないんだ。いつまでも世間話をしているわけにはいかない。公安部が懸命に捜査している事件を、あえて捜査第一課が邪魔する必要もない。私だって、いつまでもあんたの話し相手になってはいられない。できることならば、未解決になっているほかの殺人事件の捜査にも従事したいんだよ」

などと見放した言い方で接していた。

できれば二日後の一一日（木曜日）までには秘密の暴露を供述させることを念頭

に、真綿で首を絞めるが如く、ソフトな態度の中にもジワジワと力を込めて迫っていった。

その結果、中村は、まず、狙撃に使用した拳銃の購入先について語り出した。アメリカでの動きならば、簡単に裏付けが取れないと考えたのかもしれない。

「狙撃に使用した拳銃は、一九八七年ころ、サウスゲートのファイアストーン・ブールバードにあったウェザビーというガン・ショップで、六〇〇〜七〇〇ドルで購入した八インチ銃身長の357マグナム口径のコルト・パイソンです。購入に際し、身分証明として、『Teruo KOBAYASHI』名義のカリフォルニア州発行の運転免許証を使用しました。取り扱った店員は、五〇歳前後のトム・スミス（仮名）というやや太った白人でした。この銃砲店で、この店員から銃に関していろいろな指導を受けましたが、その後、この店員は退職し、店もなくなってしまいました」

この時点で中村は、警視庁がアメリカの捜査機関に協力要請してまで供述の裏付けを取るとは予想しなかったのであろう。

だからこそ、気軽に狙撃拳銃の入手先や入手方法等を供述したのかもしれないが、この裏付捜査や店員に対する追跡捜査は、数年後、アメリカにおいて完遂することになる。

8インチ銃身の357マグナム口径 コルト・パイソン

そして、逃走に使用した自転車について中村は、私が予定していたとおりの一一日午後、まるでのどにつかえていた異物を吐き出すかのように、突然立ち上がって満身の力を込めて言い放った。

「あなたは本当に狙撃の犯人なのか、それとも狙撃の犯人になりたい人なのか、どちらなんだ。狙撃犯でないなら捜査は終わりにさせてもらう」

という捜査の打切り宣言を行うことで、私は中村をそこまで追い込んだ。

中村は、語気荒く言い放った。

「この自転車は、前カゴ付きの黒色ママチャリ型で、下見を始めた三月二三日以降にアクロシティ周辺地域から調達した物だ。狙撃後、この自転車に飛び乗りアクロシティの敷地内を走り、敷地を出ると左折し、千住間道に突き当たるまで真っ直ぐ走った。千住間道に突き当たる手前の右側にある建物にカギをかけず、スタンドも下ろさずに立てかけた。だれかが持ち去ってくれることを期待した。その後、千住間道を挟んだ向かい側にあるNTT荒川支店の駐車場で待機していた車に乗り込み、西日暮里駅まで送ってもらった」

そう言い終わると、中村はゆっくり椅子に腰掛けた。私は、あらかじめ用意していた住宅地図を机の上に広げて中村にペンを手渡し、間髪を入れずに指示した。

「逃走経路と自転車の遺留地点を書いてくれ」

中村は、ゆっくり立ち上がり、住宅地図をじっくり眺めると、地図上に逃走経路をペンでなぞり、遺留地点に◎を印して、しばらく地図を眺めて座った。

このとき、私は、取調官として、〝中村は真実を語っている〟という感触を得ていた。

しかし、中村の供述が真実であることを裏付ける必要があった。

アクロシティ周辺の放置自転車については、狙撃事件発生直後に大量の捜査員を投入して回収していた。回収した自転車の中に中村が供述する自転車が存在するかを確かめるには、その記録を持つ南千住署特別捜査本部に問い合わせる必要があった。オウム真理教信者を狙撃事件の犯人と見て捜査する公安部主導の特捜本部は、私が問い合わせても何も教えてはくれないだろう、という考えが頭をよぎったが、取り調べを終え、大阪拘置所から最寄りの谷町線「都島駅」まで歩いている途上、勇気を出して南千住署特捜本部に電話をしてみた。

するとと、意外にも快く回答してくれたのだ。

「まさに中村が供述した地点から、中村が供述する特徴の二四インチの自転車を回収している。この自転車は、アクロシティ近くのマンション駐輪場から盗まれたもので、すでに被害者に返還している」

その回答を聞き、私は取り調べ補助者の巡査部長に、

「おい、中村が話した場所から、中村が話したとおりの自転車を回収しているってよ。やはり盗難自転車だったよ」

と告げると、二人で飛び上がって喜び、この上ない爽快感を味わった。

実は、南千住署特捜本部の中にも、中村に興味を示し、水面下で私たちと情報交換をしていた面々がいた。

この回答を受けたときこそ、私が中村を、狙撃事件の首謀者と確信したときであった。それに、二四インチの自転車ならば、サドルを調節すれば、一六一～一六二セン

中村が指示したショルダーバッグ

チの中村の身長でも違和感なく乗れるサイズだ。仮に犯人の身長が一七五センチくらいとするならば、あえて逃走用には準備しない小さなサイズである。

　一二月六日から始めた取り調べでは、犯行時に携行したバッグの所在について言及した。中村は、一〇月以来、月に一度のペースで来阪する私たちを待ちわび、笑顔で歓迎してくれるようになっていた。そのためか、一二月の課題は簡単にクリアした。

　中村は、何のためらいもなく語り出した。

「名張市の住居には多数のバッグがあったと思いますが、その中に『GEORGIA』とロゴが入った濃紺色のショルダーバッグがあったと思います。狙撃現場に持っていったバッグはそのショルダーバッグです」

私は、押収品を撮影した写真の中から、バッグ類を撮ったものを机上に並べて中村に提示し、該当するバッグを特定させた。

「このバッグにはポケットがいくつもあるが、狙撃した後、どのポケットに銃をしまったのか」

中村は素直に答えた。

「バッグ背面にあるチャック付きのポケット内です」

そのスムーズな回答に私は信憑性を感じた。帰京後、証拠品倉庫からそのバッグを取り出すと、科学捜査研究所に射撃残渣《ざんさ》の有無について鑑定嘱託を依頼した。

数日後、化学担当の研究員を訪ねて説明を受けた。

「バッグには七つのポケットがあり、この七つのポケットの中とバッグを全開にして、その内側全面の付着物について分析した。その結果、中村が指摘したポケット内からだけ、『鉛、アンチモン、バリウムのX線スペクトルが得られる射撃残渣』と思料される球状のものが検出された。つまり、射撃した後の残渣物が中村の指摘したポケット内にだけ残っていたということだ。これで決まりだな」

初対面だったが、笑顔で説明する研究員に、私は深々と頭を下げて謝意を伝えた。

しかし、その一方では、「これは情況証拠にしか過ぎない」と自分自身に言い聞かせていた。それでも少しずつ中村の容疑性が増していく実感を抱いていた。

## 組織の論理と現場刑事

結局、平成一六年一〇月以降、私は中村から、「朝鮮人民軍記章の入手」、「警察庁長官の私邸の住所を割り出した経緯」、「狙撃数日前の出来事」、「狙撃の準備行為」、「狙撃当日の現場までの動向」、「狙撃直後の行動」、「特異な貸金庫開扉状況」、「押収品と狙撃事件との関連性」等について供述を引き出し、中村はそれを自ら書面にしていった。

こうした中、私はある刑事部幹部から、

「お前は警察内部に抹殺されるかもしれないから気を付けろ。だから、ホームの端には立つな。突き落とされるぞ」

と耳打ちされた。その言葉を聞いて、私は大変な過ちを犯してしまっているのかと自問した。

警察庁長官狙撃事件に関しては、発生当初からオウム真理教団による組織的犯行と見て、南千住署特別捜査本部が捜査を積み重ねてきた。オウム真理教団のほかの凶悪犯罪同様、教祖の麻原彰晃指示の下、信者らが実行したものと見ている。だからこそ、オウム真理教以外の捜査は無意味だという雰囲気もある。私自身も当初はオウム真理教団の犯行と思い捜査をしていた。ところが、発生から一〇年が経とうとしているとき、突如現れた「中村泰」という人物に容疑性が出てきている。当然、警視庁幹部は困惑する。いずれ我々の捜査はストップさせられるかもしれない。しかし、犯人としての容疑が濃い者を目の前にして、捜査を放置してよいのだろうか。

私は、打開策を導き出せないまま、複雑な心境で捜査を続けていた。

案の定、平成一七年春、私は警視に昇任して捜査第一課管理官の立場になると同時に、中村の捜査は終了することになった。中途半端な幕切れだったが、それが刑事部の方針だった。私はその後、管理官として、八王子署管内で発生した「大和田町スーパー事務所内拳銃使用強盗殺人事件」の特別捜査本部に専従することになった。

この事件は、平成七年七月三〇日午後九時一五分過ぎ、八王子市大和田町に所在したスーパー「ナンペイ」で発生した。閉店後、拳銃を持った犯人が事務所に押し入り、帰宅準備をしていたパート従業員の女性一人とアルバイトの女子高校生二人を射殺して、何も奪わずに逃走した事件だった。

この事件についても、念のため、私は中村を追及した。中村は、長官狙撃事件については、緊張しながら言葉を選んで私の質問に答えていたが、八王子署特捜本部のこの事件に話が及ぶと、表情に余裕が出て、リラックスして質問に答えていた。取り調べをしている私としても、中村には、犯人としての感触がまったくなかった。

中村は呆れた顔をして言う。

「私は、何の抵抗もしない女性三人を近距離から射殺したりはしない。善良な市民を殺すことは、私の信念に最も反する行為だ。それに、スカイヤーズビンガムのような粗悪な銃は持っていない。それに、粗悪な実包も持っていない。貯蓄だってあった。私が、住宅街の小型スーパーの売上金など狙うと思いますか。まず、動機がないでしょ。あり得ない」

中村は、この事件が発生した当時、海外渡航はせずに日本国内にいた。場所的にも、事件のあったスーパーは、小平市の中村のアジトから車で一時間弱の場所にあった。しかし、八王子署特別捜査本部では、中村について、事件発生前後の渡航歴、所持していた銃や実包、金銭面の状況、前歴や手口、取り調べの状況等の総合的な見地から、容疑性は認められないと結論付けた。

一方、中村は、私が狙撃事件の捜査から離れた平成一七年当時は、公判対策で忙しく活動していた。

すでに中村は、名古屋市西区のＵＦＪ銀行押切支店における強盗致傷事件等で懲役一五年の刑が確定していた。それに続き平成一六年九月二九日から、大阪地方裁判所で、警視庁が立件した大量の銃器・弾薬の所持事件と大阪府警察が立件した拳銃使用現金輸送車襲撃事件の併合審理が始まり、平成一八年一〇月二三日、大阪地方検察庁は中村について、「以前にも警察官を射殺しており、被告の反社会的人格は顕著である」として無期懲役を求刑した。

これを受け、平成一九年三月一二日、大阪地方裁判所は、「完全犯罪を目論んだ周到な犯行。被告は昭和三一年の警察官射殺事件で無期懲役に処せられ、仮釈放を受けた後に本件犯行に及んでおり、更生は期待できない」として無期懲役を言い渡した。中村にとっては生涯二度目の無期懲役の判決である。

この判決には、合同捜査本部を解散した後の警視庁の捜査が大きく寄与した。中村は、大阪市都島区で現金輸送車を襲撃した際、自動装填式拳銃ベレッタM92を犯行に使用したが、自動装填式拳銃は銃身を容易に取り外すことができる。そこで、中村は、犯行に使用した拳銃を警察に特定させないため、カリフォルニア州に所在する銃身専門メーカー「バースト社」に特注の銃身を製造させ、その特注の銃身をベレッタM92に取り付けて犯行に及んでいた。つまり、ベレッタM92から発射する弾丸には通常右回転の旋丘痕《せんきゆうこん》が刻まれるが、中村は、「バースト社」に製造させた左回転の旋丘痕が刻まれる銃身を取り付けて犯行に及んでいた。このトリックは警視庁が見破り、この特注の銃身もまた、名張市の中村の住居で発見・押収していた。

そのため、大阪地検の検察官は急ぎ渡米して「バースト社」の担当者の供述調書を作成した上、来日させて出廷させる段取りを整えていた。この有力証拠は隠し球として、大阪地方裁判所の第一審終盤に提出し、中村を追い詰める方針を立て、そのとおり実行した。

また、大阪地検は、〝窮鼠《きゆうそ》猫を噛む〟ではないが、追い詰められた中村が、公判廷で、突然、警察庁長官狙撃事件を自供した場合の対応方法についても検討していた。

当然、審理は中断すると予想していたが、適当な対応方法が見付からずに困惑し、警視庁にもその対応を打診してきた。

警視庁刑事部の幹部もまた、大阪地検の打診に明確な回答ができないでいた。むしろ、大阪地検に対する回答案を議論することもなく、私に、「お前がやっていた捜査なんだから、お前が考えろ」などと大阪地検への対応を一任していた。結局中村は、何も語ることなく公判を終えたから良かったものの、この公判で、もし「警察庁長官を暗殺するため狙撃した」などと自供を始めていたらどのような展開になっていたのであろうか。

その後、平成一九年一二月二六日の控訴審で大阪高等裁判所は控訴を棄却し、さらに平成二〇年六月二日、最高裁判所も上告を棄却して中村の無期懲役が確定することになった。

中村が勾留されていた大阪拘置所

# 第四章 包囲網

## やはり供述どおりだった

中村泰は平成一八年四月一〇日付で、新潮社、文藝春秋、竹書房に対する名誉毀損《きそん》損害賠償請求の訴状を大阪地方裁判所民事部に送達し係争中だった。『週刊新潮』（平成一五年一〇月二三日号）、『文藝春秋』（二〇〇四年一月号）、月刊『実話ドキュメント』（二〇〇三年一二月号）に掲載された中村に関する記事が、中村には納得できなかったようだった。

一方、平成一七年三月から中村泰に対する捜査が中断している間、中村を浮上させる出発点となった東村山署旭が丘派出所警察官殺害事件は、被疑者未検挙のまま、平成一九年二月一四日午前零時をもって公訴時効となった。

捜査がストップして二年が過ぎ、私は八王子署特別捜査本部の捜査に没頭していた。もはや中村泰という存在を、遠い昔の出来事としてしか捉えられないほどだった。

捜査第一課長は、通常一年ないし一年半の任期で異動となる。

中村が浮上した当時の捜査第一課長は中村捜査を推進していたが、その後、二代にわたり中村捜査は頓挫してしまった。ところが、平成一九年二月、中村が浮上したころ、捜査第一課No.2のポストである理事官として捜査に参画していた人物が、捜査第一課長に就任すると様相は大きく変わった。

この課長は、中村の再捜査に人一倍熱意を燃やし、機会あるたびに刑事部長、副総監、警視総監に再捜査の必要性を訴えていた。当然、私にも再捜査を厳命した。出口の見えない捜査を再開することに、私は幾分躊躇したが、

「せっかく捜査してきたのだからもったいない。これだけ容疑性のある者はほかにいない」

という熱い言葉に動かされた。

そこで、秘匿性を確保するため、捜査体制は取らずに、私が時折、大阪拘置所で中村の取り調べをしては、細々とその裏付捜査を進めるという方法をとった。しかし、中村の容疑性をさらに裏付けるためには、アメリカにおける捜査が必要不可欠だった。それを可能にするには、まず教養課通訳センターの英語担当の職員を専属で配置してもらわなければならない。早速、気心の知れた中堅の英語担当通訳を中村捜査に専従配置してもらい、差し当たり、ウェザビー本社に対して、コルト社製八インチ銃身の357マグナム仕様のパイソンを「Teruo KOBAYASHI」に販売した事実につ

いて電話で問い合わせた。

応対したウェザビー社員は、突然の日本警察からの問い合わせに戸惑っていたが、懇切丁寧に説明する日本人通訳にほだされ、私からのリクエストレターに快く対応してくれた。そして、近い将来必ず同社を訪問して、日本警察の公文書となる照会書を提出することをこちらが確約した上で回答してくれることになった。

平成一九年五月八日未明、ウェザビー社から、FAX受信による回答を得た。それは、「Teruo KOBAYASHI」に販売したすべての銃について、「注文書」と「売上伝票」という様式の記録だった。もちろん、その中に、コルト社製八インチ銃身の357マグナム仕様のパイソンの「注文書」と「売上伝票」があったことは言うまでもない。

その要旨が、これである。

仕入日　1986年12月5日
仕入先　Gold State, CO.
販売日　1987年9月18日
顧客名　Teruo KOBAYASHI　1941.1.10

**顧客住所**　3808 Rosecrans St. San Diego, CA
**販売商品**　Colt Python. 357 Royal Blue No.T49604
**販売価格**　687$50¢
**販売店舗**　2781 Firestone Blvd. South Gate, CA Weatherby, Inc.
**身分証明**　Driver's License
**店員サイン**　T. S.

やはり、中村の供述どおりだった。そのことに安堵する一方、今後は、アメリカ国内において本格的な捜査が必要になる、と痛感させられた。

この当時、私は、八王子署特捜本部に従事していた。この八王子署の強盗殺人事件の捜査も完遂しなければならない立場にありながら、中村の捜査にも全力投球しなければならなかった。特に、中村の捜査はほぼ自分一人でやっている状態で、取り調べのときだけ取り調べ補助者を募る有様だった。重要未解決事件に該当する二つの事件を同時並行して、それも主力となって捜査を進めなければならないストレスと疲労は計り知れないものがあった。

それでも中村の捜査は着実に進んでいた。そして、今後の方向性を思案している中、定例の報告会の席上、中村捜査に熱心な刑事部長から、「コルト社に赴いて話を聞かなければだめだ」と指示を受けた。

その指示に従って、平成一九年九月二七日から、私は専属の通訳らを伴い、米国コネチカット州のコルト・ディフェンス社を訪問した。この米国訪問によって、さらに中村捜査を後押しする情報を得ることになった。

「シリアル№.T４９６０４のパイソンは、一九八六年一〇～一一月にかけて、この地で製造し、カリフォルニア州マンハッタンビーチ市の卸売業者ゴールドステート社に出荷した。このパイソンは、３５７マグナム弾を撃つことができる八インチ銃身の仕様だった。当社の場合、色の仕上げはロイヤルブルーとブライトンニッケルの二種類だが、このパイソンはロイヤルブルーだった。つまり、青みがかった光沢のある黒色だった。

銃の専門家の間でパイソンは、『拳銃のキャデラック』と呼ばれるトップクラスの命中精度を誇る銃だった。引き金はスムーズで一二ポンドの力で撃針が落ちるように調整してあった。パイソンは四インチと六インチの銃身を中心に製造し、八インチの銃身は需要が少ないため製造数も少なかった。

八インチ銃身は、狩猟用、長距離射撃用のもので命中精度は非常に高く、狙撃者がこの銃を選んだということは、高い命中精度を求めたことが分かる。それに狙撃者は、拳銃に興味があり詳しい人物とも言える。357マグナム・ホローポイント弾は熊の狩猟用で、象でも倒すパワーがある。パイソンの輸出先はヨーロッパ諸国、南アメリカ諸国、オーストラリア、タイ、フィリピンで、ロシアには輸出していない」

私たちに快く対応してくれたのは、恰幅の良い二人の取締役だった。二人は、とても律儀に私の質問に回答し、「社外秘だから」と言って回答を拒むことはいっさいなかった。日本警察の捜査に協力したいという、とてもありがたい姿勢に終始した。

ひと通りの説明を受けた後、私たちは工場に移動して、弾丸を発射した際、弾頭部分に旋丘痕が刻まれる仕組みや、中村が購入したシリアル№T49604が打刻されたパイソンの銃身内の旋丘について丁寧な説明を受け、社内資料を提供してもらった。

次に射場に移動し、私は、八インチ銃身のパイソンを使用して357マグナム弾を試射した。一発目は狙いどおりに命中させることができたが、警察官が使用する実包と比べてはるかに反動が強く、二発目以降は照準に時間がかかり、相当の訓練を積んだ上に緩衝対策を施《ほどこ》さなければ、数秒間のうちに三発を発射し、命中させることは不可能と感じた。私自身も拳銃操法は得意なほうで、若いころは警視庁内の拳銃射撃大会に出場したこともあったが、警察庁長官を狙撃した人物の技量には到底及ばないことを実感させられた。

続いて、アナコンダという拳銃を使用しての44マグナム弾の試射と自動小銃Ｍ４を使用しての三〇連発の試射をしたが、マグナム弾の破壊力と「拳銃のキャデラック」と呼ばれるパイソンの安定感は、やはり想像以上だった。

警察庁長官狙撃事件を扱ったある報道番組で、グアム島で実施したパイソンの射撃実験が放映されたことがあった。それによると、射撃の素人でも、パイソンを使えば、國松長官狙撃事件の現場と同じ二一メートルの距離からの狙撃が可能であると結論付けていた。

私はその報道番組を見て、思わず失笑してしまった。残念ながら、歩いて移動する生身の人間に対し、射撃の素人が、二一メートルの距離から三発の３５７マグナム弾を的確に撃ち込むことは不可能である。いかに高精度の拳銃を使おうとも、拳銃射撃はメンタルのコントロールがきわめて難しく、これを克服できなければ、正確に命中させることはできない。

## 捜査報告会

帰国後、コルト社における捜査結果や検証結果は、捜査第一課長や刑事部長によって警視庁首脳に報告されていた。その結果、平成一九年一二月三日、副総監に対して、これまでの中村の捜査結果を報告する機会が訪れた。

振り返れば、何ら支援のないまま中断されていた中村捜査が、また陽の目を見るときが来たのである。報告会で私は、中村の容疑性について、誇張を交えず事実だけを簡潔明瞭に報告し、あわせてその席に立ち会った刑事部長、捜査第一課長の補足説明を仰いだ。

副総監は、

「南千住署特捜本部にも『中村』と書かれたファイルがあったので、見ようとすると、『それは関係ありませんから』と、捜査を指揮する公安部幹部から止められていた。しかし、これほどの容疑性があるとは知らなかった」

と漏らしていた。

続いて一二月二一日、副総監、刑事部長、捜査第一課長立ち会いの下、公安部長、公安部参事官に中村の捜査結果を説明する機会に恵まれた。公安部長が公安部のトップならば、公安部参事官は、そのNo.2という立場になる。

この報告会で公安部参事官は、終始黙って私の説明を聞いていたが、公安部参事官は中村という存在を初めて知ったのか、声も晴れやかに、その容疑性を高く評価していた。

ただ、この報告会で私は、何も発言しない公安部長に違和感を覚えていた。案の定、翌日には、あれほど中村の容疑性を評価していた公安部参事官が、表情を曇らせて中村の容疑性を完全否定した。

当然、何らかの圧力があったのであろう。そうでなければ黒から白に一夜にして変わったりはしない。私には見えないところに、尋常ではない世界が存在していた。


平成二〇年の年が明け、私は、大阪拘置所での中村の取り調べに力を入れた。その理由は、前年の平成一九年一二月二六日、大阪高等裁判所が、警視庁の銃器・弾薬所持事件と大阪府警察の現金輸送車襲撃事件に対する中村の控訴申立てを棄却したからである。つまり、たとえ中村が上告したとしても、最高裁判所も上告を棄却することが予想される。そうなれば中村の刑は確定し、これまで押収してきた証拠品は還付あるいは没収、廃棄されることになる。特に、銃器・弾薬は真っ先に溶解処理されてしまう。すると、将来、警察庁長官狙撃事件を立件しようとしても、それを支える証拠が滅失してしまい、立件できない可能性がある。

この流れを食い止める方法はただ一つ、警察庁長官狙撃事件の犯罪事実で、再度、押収中の証拠品を差し押さえる手続きをとり、証拠を保全することである。そのためには、まず中村に犯行を自供させ、さらに供述調書を作成することが必要だった。

私は、この流れと手続きについて中村にじっくり説明していった。中村も私が言わんとすることはすぐに理解してくれた。警察庁長官狙撃事件の捜査を継続していくためには、その前提として、中村自身が犯行を自供し、犯行に至る経過、犯行の状況、犯行後の行動を具体的かつ詳細に話すことが必要不可欠であると説き、ときには中村を見下し、馬鹿にするような態度をとって挑発した。

「警察庁長官の暗殺を試みたものの、狙撃が下手で殺害できなかったことを恥じているのか」

中村は苦虫をかみ潰したような表情で私を睨んで反論した。

「暗殺行動は崇高な使命だった」

中村もまた、これまでの取り調べを通じて、虚偽、誇張、誘導、脅迫等、不正な取り調べをする捜査員か否か、私を値踏みしていた。

こうした熱のこもった駆け引きを繰り広げてきた結果、中村は意を決したのか、三月になると、犯行を明確に自供するに至り、供述調書の作成に同意した。

「警察庁長官を狙撃したのは私こと中村泰です。暗殺する目的で狙撃しました。供述調書を作成することに同意します」

四年前の平成一六年二月一二日に警視庁で逮捕して以来、中村は、いわゆる上申書という形式で、中村自身が自筆で書類を作成してきたが、初めて警察側が作成する供述調書に応じたのである。

私にも、〝時間はかかったが、ついに来るべきときが来た〟という安堵感があった。

この三月の取り調べで、中村の自供内容を聞き取り、それが客観的事実と符合するか、一ヵ月近くかけて入念にチェックした。

その上で、平成二〇年四月一四日と一五日、大阪拘置所にて一〇ページ程度の参考人供述調書を二通作成した。中村はその供述調書の記載内容を確認した上で署名、指印した。一通目は「狙撃に至るまでの動機」、二通目は「狙撃の実行行為とその前後の行動」に関するものだった。

そして、中村は、

「この供述内容は、私の記憶に基づいて自発的に供述したものであり、誘導や脅迫に基づいて供述したものではありません。今後、供述した内容について、否認に転じたり、故意に供述を変遷させることはありません。それは、この行動が、信念に基づくものであり、十分成果を挙げたので、何人《なんぴと》に対しても、毫《ごう》も恥じるところがないからです」

という言葉で締めくくった。

残念ながら、この時点では、中村捜査を推し進めた捜査第一課長は刑事総務課長へ人事異動していたが、後任の捜査第一課長と理事官にこの二通の供述調書を見てもらったところ、

「これだけ話しているなら十分じゃないの」

と中村の犯人性に驚嘆していた。

## 警視総監の耳打ち

私が中村の供述内容を刑事部幹部に報告して間もなく、警視総監から、

「現場は、どのような捜査をしたいと言っているのだろうか」

などという質問が刑事部幹部にあったようだった。警視総監のその言葉はすぐに私の耳にも届いたが、ほぼ一人で進めてきた捜査に限界を感じていたときでもあり、私はすべての捜査結果を捜査第一課内の然るべき係に引き継いで、中村捜査から離れたい気持ちでもいた。

そのためか、刑事部幹部の前で、

「中村の捜査をまだやるのかぁ」

と愚痴をこぼしてしまった。すると、

「当たり前だろう。ほかにできる奴がいるかよ。それに、今度は警視総監の肝いりだぞ。心配はない。期待ができる」

と激励されるばかりだった。それならば、ここは一念発起して頑張るしかない。そう覚悟を決めた。

そこで私は、

「中村の捜査に関わったことのある捜査第一課員五名、南千住署特捜本部で現に捜査に従事している公安第一課員五名をください。この混成チームで中村の捜査を継続します」

と警視総監にリクエストした。

なぜ、南千住署特捜本部に従事している公安第一課員をリクエストしたかと言うと、私は中村の捜査に入り込んで五年が過ぎ、没入しすぎて周りが見えなくなっているおそれがある。あるいは中村だけを犯人と思い込んでいる可能性もある。客観的な目で警察庁長官狙撃事件を見直すためには、現にオウム真理教の捜査に従事している公安第一課員の視点と、これまでの経験が不可欠である。

たとえ仲良く捜査ができなくても、その試練を経なければ真実は見えてこない。まして、事件解決は困難である——そう判断したからだった。

このリクエストをして間もなく、警視総監が八王子署に督励巡視《とくれいじゅんし》に来られることがあった。

督励巡視とは、警視総監が数ヵ所の警察署を選択して直接訪問し、警察署長から管内の情勢や業務の推進状況の報告を受けて、直接指示を出したり、署員を激励するなどの行事である。

この日午後、警視総監は、八王子署で、署長から管内情勢等の説明を受けていた。私は、八王子署内に設置されている特別捜査本部に従事していたこともあり、警視庁本部に戻る警視総監を玄関先で見送った。

すると、総監が私に気付いて立ち止まり、近づいて来て、

「例の件、しっかり頼むよ」

と耳打ちされた。私は、条件反射のごとく、「はい」と小声で返事をした。

警視総監の公用車が八王子署を後にしてすぐ、周りにいた八王子署の幹部から、

「総監に何を言われたの？」

と問いかけられたが、

「二人だけの秘密です」

と話をはぐらかした。

かくして平成二〇年五月一二日、私を班長として、捜査第一課・公安第一課からなる中村捜査班が編成され、立川市内に捜査拠点を設けることになった。

午前八時三〇分、それぞれの捜査員が一堂に会して挨拶をした後、私は公安第一課員に、

「今日は一日かけて、これまで捜査第一課が進めてきた中村の捜査経過を精査してください。別室に関係資料は用意してあります」

と指示した。その後、捜・公はそれぞれ分かれて作業に入った。

夕刻が近づき、私は捜査員全員の顔合わせと懇親を兼ねて、缶ビールと乾き物で喉を潤す場を設けた。こうした秘匿作業をする場合、居酒屋等ではなく、職場の会議室

等で酒を交えて打ち合わせをすることがあった。乾杯をして早々、私は公安第一課員から見た中村泰の容疑性について聞いてみた。当然、「中村は犯人ではないですよ」という回答が返ってくると踏んでいたが、公安第一課員は互いの顔を見合わせながら、リーダーになる者が、やおら口を開いた。

「私たちは、いままで中村泰という存在を知らされていませんでした。犯人はオウム真理教ということで捜査をしてきました。今日から捜査第一課と捜査をしろと言われて指定の時間に指定の場所に来ました。今日、関係書類を見て思いました。中村は犯人の可能性が非常に高いと思います」

捜・公が一つになる瞬間だった。その夜は、酒を酌み交わしながら今後の捜査の進め方について花が咲いた。

私は、差し当たり、捜査方針として、

**① 警察庁長官狙撃事件立証のため差し押さえる証拠品の分別**
**② 中村の支援者の割り出し**
**③ アメリカにおける捜査**
**④ 中村の取り調べと事件全体の供述調書の作成**

を掲げ、捜一と公一でペアを組み任務分担をした。

その上で、捜査班の面々に私は、中村を犯人として検挙するための捜査ではなく、粛々と事実を積み上げていく捜査を念頭に置くことを説いた。中村を犯人に見据えた捜査に終始すると、偏った捜査になってしまう恐れがあったからだった。

## ついにハードルを越えた

平成二〇年六月二日、中村の上告棄却が決定し、中村の無期懲役が確定することになり、いよいよ証拠品が処分されるときが近づいていた。

中村捜査班は、証拠品の差押えに向けて急ピッチで作業を進め、七月七日、東京地方検察庁の担当検察官に対し、中村泰に関する捜査経過を報告した。そして、中村のこれまでの事件で押収してきた証拠品の中から、警察庁長官狙撃事件を立証する上で必要な証拠品を再度差し押さえるため、差押許可状を請求することについて承諾を得た。この日は、中村に関する捜査経過を初めて東京地検に報告した日であり、奇しくもオウム真理教関係者四名を逮捕した平成一六年七月七日から四年目でもあった。

公安部長と公安部参事官は差押許可状の請求に難色を示していたが、最終的に警視総監の判断で請求が決定した。

差し押さえなければならない証拠品は、警視庁本部庁舎内の捜査第一課内、立川市内の拠点内、大阪地方検察庁内の三ヵ所に分散していたため、三通の差押許可状を請求することになり準備は整った。

ところが、思わぬところでストップがかかった。

中村捜査班は、警察庁長官狙撃事件に対する中村の容疑性を捜査する以上、当該事件の捜査を担当する公安部の指揮下に位置し、捜査結果は刑事部幹部ではなく公安部幹部に報告する体制となっていた。その公安部幹部から、差押許可状請求に関する警察庁長官の了承が得られていないことを理由に横槍《よこやり》が入ったのだ。

私はやむなく、直属の上司にあたる刑事部長に説得に動いてもらうことにした。しばらくして警察庁長官の了承が得られたのか、公安部幹部から差押許可状を請求するように指示はきたが、「証拠品の差し押さえぐらいでこんなに騒ぐのか」と認識を新たにさせられた。

平成二〇年八月一日午前、私は差押許可状の請求に必要な書類を整え、南千住署特別捜査本部を訪問した。

請求には、差し押さえの必要性を裏付ける疎明資料、つまり犯罪を立証する捜査書類一式と請求書を裁判官に提出して、令状発付の可否の審査を受けなければならない。その前提として、まず、公安を担当する南千住署警備課長の審査を受け、請求を可とする場合は、請求書に署名・押印を得なければならない。

私は、南千住署警備課長に持参した数十通の疎明資料を提出し、点検後、請求書に署名と押印をお願いした。ところがまた、横槍が入った。現場を仕切る公安第一課係長が、

「内容はいっさい見なくていいから、署名・押印だけすればいい」

と警備課長に言い寄った。警備課長は、

「じっくり読もうと思っていたのになぜだ」

と言い返していたが、係長は、

「いいから、書類は見ないで署名・押印だけしてくれ」

と執拗に迫った。

警備課長は納得いかない表情で、渋々署名し、押印した。なぜ、公安第一課係長は、立場的には上位にあたる警備課長に疎明資料を読ませなかったのか、私はその真意が理解できなかった。いまにして思えば、疎明資料を読んだ警備課長に中村の容疑

性を知られることを恐れたのであろうか。

ともあれ、私は、請求書と疎明資料を持参して東京簡易裁判所墨田庁舎を目指した。各種の令状を請求する場合は、請求する警察署を管轄する簡易裁判所、あるいは夜間や休日であれば東京地方裁判所に赴き、庶務係に請求書と疎明資料を提出し、裁判官の審査を待合室で待つ。

裁判官の審査が終わり、令状が発付されると、警察署名が呼ばれ、庶務係で令状と疎明資料を受け取り、受領の台帳に押印して退室するという流れになっている。仮に、裁判官が疎明資料に目を通していて疑義が生じた場合は、令状請求に来た警察官が裁判官と面接し、裁判官の質問に対する警察官の回答内容も令状発付の可否に加味される。

私は、この裁判所には、自信を持って差押許可状の請求に行った。しかし、予想に反して、庶務係から、

「南千住署、裁判官室へ」

と呼び出され裁判官と面接することになった。

〝ここで令状が発付されなかったら笑い物になるな。でもそんなはずはない、絶対大丈夫だ〟という不安と自信が交錯する中、私はやや緊張して裁判官室へ入った。しか

し、裁判官からの言葉は意外なものだった。

「よくここまでたどり着きましたね。これからは令状請求が増えますね」

裁判官は、中村を割り出した私たちの捜査を賞賛し、これからは警察庁長官狙撃事件の犯罪事実に基づき、各種の令状請求があるだろうから、東京簡易裁判所もその心積もりでいるということだろう。私は気分も晴れやかに、ほっと胸を撫で下ろした。

私は、庶務係で差押許可状三通と疎明資料を受け取り、墨田庁舎を出ると、南千住署特捜本部と中村捜査班に、無事、差押許可状が発付されたことを電話報告した。一つのハードルを越えることができたという感慨があった。今後は、東京簡易裁判所墨田庁舎で、捜索差押許可状や検証許可状の発付を得て証拠固めを図り、最終的には逮捕状の請求にも来ることになると期待して帰路についた。

しかし、この裁判所を訪れるのは、この差押許可状請求だけとなった。その後、一度として、この裁判所に令状請求に来ることはなかった。

差押許可状は、南千住署ではなく捜査第一課でももちろん請求することができたが、私が南千住署の名前で請求することにこだわった理由は、警察庁長官狙撃事件を捜査している警察署は南千住署であり、その本丸の警察署で請求することが王道と考えたからである。また、中村捜査に南千住署特捜本部が従事することにより、オウム真理教に絞った捜査だけでなく、それ以外の分野の捜査も進めた証左になると考えたからでもある。

結局、八月五日と七日の二日間に分けて、証拠品合計二一一七点を差し押さえることになった。

## 浮上したメキシコ人女性支援者

中村捜査班では、証拠品の差し押さえ作業と並行して、中村の支援者の割り出し作業も始めていた。特に、公安第一課員にとっては得意分野の捜査であるため、精力的に動いていた。

一方、取り調べで中村は、「同志を売ることは、最も卑劣なことだ」と断言していたため、中村の口から、共犯者等の関係者を聞き出すことは、非常に困難だった。

しかし、だからといって、取り調べの手を緩めるわけにはいかない。私は、様々な手法を駆使して中村を追及した。

中村には、警察が捜査の過程で割り出した者が自分自身の関係者だった場合は、それをあえて否定することはしないという有り難い一面があった。たとえば、取り調べで、中村の関係人物と思われる者の氏名や年齢を告げると、顔を強張らせて口籠もった。また、その人物の写真を提示すると、歩き出して考え込むという顕著な動揺が見られた。「この人は、支援者なんだろう」と追及すると、「まあ、そういうことです」などと回答し、以後、その回答を撤回することなく、支援者の詳細について話した。

それはおそらく、どうせ捜査するならば、相手を必要以上に刺激しないように正確な知識に基づいて捜査をしてほしいという、支援者への気遣いでもあった。

中村を逮捕するまでに私たちが明確に割り出していた関係者は、鈴木三郎だけだったが、中村がエージェントAと称していた人物は、証拠品の分析から、平成一五年八月ころには、氏名だけは特定していた。

それは、中村と文通した複数の封書がきっかけとなった。この人物は女性で、中村がBATTERY CHARGER等の機械内に銃器・弾薬を隠匿し、アメリカから密輸した後、アメリカに返送されたこれらの機械を受け取り、処分していたほか、中村の指示に従って、薬品カタログを入手する役割を担っていた。カリフォルニア州サンタアナに住むメキシコ人のこの女性は、「ロサ・ゴンザレス（仮名）」と言い、娘、息子とともに生活していた。その後、アメリカにおいてこの女性を取り調べ、中村の使役として活動していたことが明らかとなる。

次に、エージェントBである。

この人物は、中村が実在する「小林照夫」になりすまして、同人名義のパスポートを入手する際に関わっていた。このエージェントBを割り出すきっかけとなった物は、中村が偽造運転免許証等を作るために保管していた多数の人物写真だった。

鈴木三郎が、中村と同時期に千葉刑務所に服役していたことで、相互に信頼関係を築いたことを考えると、ほかにも中村や鈴木と同時期に千葉刑務所に服役していた人物が、中村の支援者になっている可能性が考えられた。

中村の捜査を始めて以降、千葉刑務所への聞き込みはなされていなかったため、平成二〇年六月初旬、捜査の一環として、千葉刑務所刑務官への聞き込みを進めた。さらに、捜査に漏れがないように、中村や鈴木が服役していた当時に在職していて、すでに退職した刑務官まで捜査の手を伸ばし、中村の住居から押収した多数の人物写真を提示して聞き込みをしていった。すると、いまは産業廃棄物のダンプの運転手をしている元刑務官が、メガネをかけ、スーツ姿の好青年の写真に目を留めた。

「田中じゃないか。こいつは田中憲治（仮名）ですよ。鈴木がよく面倒をみていた。退職後、大阪で鈴木に会ったとき、田中にも一緒に会いましたよ」

早速、田中憲治について捜査すると、北海道出身で、昭和四九年三月、函館市内で強盗殺人事件を起こして千葉刑務所で服役し、昭和五九年五月に仮出所し、東大阪市内でプレス工として働いていたことが分かった。さらに追跡捜査を進めると、大阪市内の大正区、東成区と住居を転々としていたが、残念なことに、昭和六一年九月、死亡していた。

私は、六月二四日から始まった大阪拘置所の取り調べで、何も言わずに田中憲治の写真を中村に提示した。すると、中村は突然立ち上がり、険しい顔をして腕を組み、取調室内を歩き出した。

大阪拘置所の取調室は警察署の取調室に比べて広く、ゆったりとした雰囲気で取り調べができるようになっている。ただ、在監者は、固定された椅子に腰掛けて取り調べを受けなければならず、前後左右に椅子を動かすことはできない。その代わり、両手に手錠をはめたり、腰縄を椅子等に結着しているわけではないので、立ち上がって固定した椅子の周りを自由に動くことができる。

中村は立ち上がり、何かを思案しながら歩き出してしまった。しばらく思案した挙げ句、中村は写真の人物が思い出せないのか、静かに着席した。

私は、「よく考えてみてくれ。宿題だ」と中村を突き放したように言って、以後、田中に関する話はいっさいしなかった。それにより、中村の思考回路に不安や困惑といった刺激を与え、中村が進んで記憶を喚起させる状況に追い込んだ。

次の取り調べは、八月六日から八日までの三日間だった。私はこの取り調べで、実在する他人になりすますため、そのダミー候補者を探す方法について質問していった。すると、中村が突然反応した。

「この前の写真の男は、鈴木三郎がかわいがっていた田中憲治だ。この前、写真を見せられたときは名前が思い出せずに不安だった。この取り調べでダミーの話が出て思い出せた。鈴木にダミー適格者の選定を相談したところ、鈴木を介してブローカーの田中に私の依頼が伝わり、田中は数名の候補者をリストアップして、住民票等を手に入れてくれた。私は、鈴木を介してそれらの資料を受け取り、外国に行く可能性がないこと、犯罪常習者や暴力団関係者ではないこと、年齢が私に比較的近いことから、最もふさわしい人物として『小林照夫』を選定した。鈴木も田中も保護観察中だったため、同様の方法で他人名義のパスポートを得て海外旅行をしていたが、私は、小林照夫になりすまして同人名義のパスポートを得た後、保護観察期間が一〇年目に入った昭和六一年から渡米するようになった。何回かの渡米後、帰国したとき、鈴木から田中が急死したことを知らされた。鈴木は惜しい人間を亡くしたと本当に悲しんでいた。鈴木にしてみれば、田中は最も信頼できる人物で、鈴木の秘書のような存在だった。私が他人と接触することを嫌っていたので、鈴木は私に田中を直接引き合わせなかった。だから、田中のことをすぐに思い出せなかった」

この「田中憲治」がエージェントBである。

支援者を着々と解明していく中村捜査班の捜査力に中村は感嘆していた。特に、未解明な人物を割り出す捜査に公安第一課員は非常に長けていた。発生した事実に対する立証は捜査第一課が得意としたが、公安第一課は些細な情報から人物を特定する作業を得意としていた。捜査第一課員だけでは打ち破ることのできなかった壁を、公安第一課員は難なく突破していった。

## KCIAとの橋渡し役

次のターゲットは、朝鮮人民軍記章を中村に譲り渡した人物の特定である。この人物について中村は熱く語ったが、その要旨は次のようなものである。

「私が本格的に北朝鮮対策に傾注しているとき、北朝鮮に関する高度な情報は、KCIA、つまり韓国安全企画部が持っていると思い、その職員に接触する方法を鈴木に相談していた。鈴木は、『俺の知り合いの韓国人が、KCIAの職員をよく知っている』と言って韓国籍の佐藤明（仮名）という男を紹介してくれた。この佐藤は、ＫＣＩＡの職員と組んで、外交特権を悪用した非合法な活動をしているということだった。私は、大阪市内の喫茶店で鈴木からこの佐藤を紹介された。そのとき、私は自分のことを大野一夫と名乗った。事前に鈴木は私の依頼を佐藤に話してくれていたため、佐藤はすぐに私の依頼をＯＫしてくれた。佐藤が言うには、『ＫＣＩＡの人間は、金さえ渡せば密輸でも薬物の運搬でもやる』ということだった。鈴木が佐藤に命令口調で話す様子から、佐藤は鈴木に何かの恩義があり、鈴木の頼みは断れない立場のように感じた。

数日後、佐藤が指定した喫茶店でＫＣＩＡの職員を紹介された。その男は、シン・スンピルと名乗っていたが、当然、コードネームか偽名であることは承知していた。お互いの連絡先を交換し、その後、半年くらいの間に三～四回、大阪市内の飲食店の個室でシンと密会して情報を得ていた。密会するたびに二万～三万円を謝礼として手渡していた。信頼関係ができたところで、秘密工作員向けのコルト社製のムスタング・ポケットライト自動装填式拳銃をちらつかせ、北朝鮮のＡＫ47型突撃銃等の装備品が手に入らないか持ち掛けた。

しかし、シンの回答は、一九七九年に発生したＫＣＩＡ部長による朴正熙《パクチョンヒ》大統領暗殺事件後は制約が厳しくなり、銃は持ち出せないということだった。そこで、手に入る物は何かと聞くと、『帽子や記章ならば手に入る』と言われた。私はあてが外れて失望したが、手に入れられるときに何でも手に入れておいたほうが得策と考えが変わり、北朝鮮の特徴である記章の入手を依頼し、その代わりに拳銃を提供することを約束した。こうして手に入れたのが朝鮮人民軍記章で、ティッシュに包み封筒に入った状態で渡された。記章の裏面は縦ピンが付いているだけで、数字等の打刻はなかった」

この話を基に中村捜査班は、長野県内の韓国系寺院で働いていた「佐藤明こと李明(仮名)」を特定し、顔写真を入手した。また、私自身が持つ韓国情報ルートからも、大阪御堂筋近くの北朝鮮系寺院に対するＫＣＩＡの活動情報を得て、中村供述の信憑性の確認を進めた。

平成二一年三月一六日から始まった取り調べで、私は、朝鮮人民軍記章とはかけ離れたマスコミの動向等について問答した。このころ、マスコミ各社は、頻繁に中村の取材に大阪拘置所を訪問していたため、各記者が求めているネタを探る必要があった。その問答の中、私は佐藤こと李の顔写真を中村に提示して、「この人も面会に来ていますか」などと、面会に来ている記者のように装って質問した。

中村は一瞬びっくりした表情をしたが、間もなく、

「これは佐藤ではないか。二〇年も前のことなのに、よく特定できましたね。この佐藤からシン・スンピルを紹介されたのです。佐藤は私と深く関わりたくないようでした」

と驚嘆していた。

この「佐藤明こと李明」がエージェントCである。

しかし、佐藤はすでに他界しており、ＫＣＩＡ職員の特定までには至らなかったものの、長官狙撃事件の現場に遺留されていた朝鮮人民軍記章は、中村が供述したとおり、「裏面には縦ピンが付き、数字等の打刻はない」ことを確認した。

最も解明が必要とされたのは、狙撃時に支援した人物だった。取り調べの中で、その支援者のことを、私と中村は仮称「ハヤシ」として会話していた。中村の周辺人物に、「林」という苗字の者が多かったことが、「ハヤシ」と呼び合うようになった由来である。

このハヤシについて中村は、

「警察庁長官の狙撃を発案し実行したのは私だが、ハヤシは、

①　逃走用の自転車の準備
②　狙撃当日朝、預けていたサブマシンガン等の運搬
③　西日暮里駅から事件現場のアクロシティまで私を送り届けた後、周囲の様子を無線で報告
④　狙撃後NTT荒川支店の前で私を拾って西日暮里駅まで送り届ける
という任務だった」

と話していた。このハヤシの特定については、取り調べの過程で何回となく問い質し、説得を重ねるとともに、並行して追跡捜査も重点的に進めた。

それに対し、中村は防衛策として、長官狙撃事件当時に関係した人物も、狙撃事件前後に関係した人物も、私たちが解明できていない支援者は、すべて「ハヤシ」と称して煙《けむ》に巻いていた。取り調べの過程で、中村が、ハヤシに関して様々な特性や経歴を話していたことから、「一人の人間としては万能過ぎる」と不審に思い追及した結果、何とか中村の陽動作戦を看破することができた。

ただし、ほかのハヤシは解明できたものの、長官狙撃事件に関連したハヤシについては最も解明が進まなかった。

カリフォルニア州ベンチュラで開催されたガン・ショー

# 第五章● ガン・ショー

## 警視総監の命令

中村捜査班が発足して以降、私は特別な事情がない限り、毎週金曜午後に警視庁本部の公安部参事官室を訪問し、一週間分の捜査結果を報告していた。

中村捜査班が発足して五ヵ月が経過した平成二〇年一〇月二〇日、この公安部参事官が、初めて立川市にある私たちの捜査拠点に巡視に来て、捜査員と顔を合わせた。中村泰に関する捜査に従事する捜査員には、様々な意見や苦労話がある。それを直接、公安部参事官に聞いてもらえる絶好の機会だと私は思っていた。

だからこそ、一通りの捜査報告を終えてから、私は捜査員を前にして、公安部参事官に対し、

「アメリカ国内の捜査を計画してもよろしいでしょうか」
「アクロシティの居住者に再度聞き込みをしてもよろしいでしょうか」
「東京地検に捜査経過を報告してもよろしいでしょうか」
「今後、中村泰を立件する見通しはあるのでしょうか」

などを聞いてみた。

しかし、公安部参事官は、「はい」とも「いいえ」とも発しないまま、貝の状態になってしまった。

なぜなのか。せめて捜査員の手前、「持ち帰って検討する」くらいは答えてくれると思っていたが、まったくのノーリアクションである。それを見た捜査員たちは、長官狙撃事件に対する公安部の姿勢を思い知らされることになった。

それから一ヵ月が過ぎた一二月一日、私は、警視総監に対して中村泰に関する捜査経過を報告するように公安部長から指示を受けた。

中村の捜査を強力に進めるように刑事部幹部に指示した警視総監は八月に退任しており、この時点ではその後任の熱血漢が着任していた。この警視総監は、公安部長や副総監の要職を務め、その間、長官狙撃事件はオウム真理教団による犯行と見立て、熱心に捜査指揮を執られた方だった。

当日、私は、警視庁本部内の警視総監室の事務机で、警視総監に対して、説明資料に基づき報告を始めた。かたわらには、公安部長と公安部参事官が立ち会っていた。

私が中村の供述内容を中心に報告していると、次第に警視総監は感情を露にされ、

「こんなことがあるか。こんなことがあってたまるか。間違っている」

などと、中村の迫真のある供述内容が信じられないのか、頭ごなしに否定され、マ

ーカーペンを持って説明資料に「×」を付け始めた。そして、立ち会っていた公安部長と公安部参事官に対し、

「そうだよな。そうだよな」

などと同意を求めていたが、公安部長らは答えに窮していた。私は、事実をありのままに報告しているにもかかわらず、感情的になって耳を傾けず、反対に叱られるくらいならば、無理に捜査経過を報告しても理解が得られないと諦め、しばし黙っていた。

その上で、

「犯人がオウム真理教と分かっているならば、中村泰の捜査を止めてもよろしいでしょうか」

などと伺ってみた。しかし、警視総監は、

「それは駄目だ。中村の捜査は継続しろ」

と言う。

「それならば、アメリカ国内で捜査をしなければ捜査は進みません。制約された中での捜査はなかなか結果に結び付きません。必要な捜査はやらせていただけないでしょうか」

と意見具申すると、総監は、

「アメリカに行って捜査をして来い。やるべき捜査は進めてよい」

と即断で中村捜査班の懸案を承諾してくれた。

それでも総監は、

「犯人はオウム真理教だからな」

と念押しされ、

「俺もコルト・パイソンを撃ってみたが、狙いどおりに当てることができた」

と話されていた。コルト・パイソンを使えば、誰でも容易に狙撃ができると言わんばかりだった。

〝犯人はオウム真理教だが、中村の捜査は継続しろ〟という警視総監の言葉を消化できないまま、私はただちに警察庁やアメリカ捜査当局に対する根回しを始めるとともに事件現場周辺への聞き込みを指示した。


平成二一年一月七日から二週間にわたり、カリフォルニア州を中心として捜査を展開した。渡航メンバーは、私のほか公安第一課員と専属の通訳だった。このオペレーションは秘匿性を保持しなければならないため、個別に出国手続きを済ませ、搭乗ゲートで待ち合わせた。

目的とする主な捜査先は、

①　中村泰が狙撃に使用した拳銃の販売会社
②　中村が銃器・弾薬を保管していた貸倉庫会社
③　中村の使役として活動したメキシコ人女性（エージェントA）
④　中村が射撃技術を向上させるため訓練した射撃場
⑤　中村が狙撃に使用した特殊な実包を入手したガン・ショー
⑥　中村が契約していた電話・郵便事務代行業者

だったが、貸倉庫会社の捜査に予想外に時間を費やしてしまい、再度、渡米して捜査をしなければならない状態での帰国となった。

私は、アメリカにおける捜査結果を公安部長に報告した際、再捜査の必要性を訴え、できれば春にも再捜査を実施したいと申し入れた。私自身としては、すぐにでも再渡米したかったが、オウム真理教以外の捜査をしている遠慮から、「できれば今春中には再捜査を……」と下手に出たのだ。すると、公安部長から、

「もっと早く行けないのか。すぐにアメリカに行く手配をしなさい」

と前向きな指示をいただいたことを、つい最近のことのように思い出す。そのとき私は、公安部長の英断に感謝した。

二月二四日から始まった再捜査では、カリフォルニア州、ネバダ州、アリゾナ州と寝食を忘れて捜査に没頭した。

このアメリカ捜査では、連邦捜査局（ＦＢＩ）、ロサンゼルス市警察（ＬＡＰＤ）、ラスベガス市警察（ＬＶＭＰＤ）、オレンジ郡保安官事務所（ＯＣＳＤ）の方々に、多大なる支援を仰ぐことになった。彼らは、あたかもアメリカ国内で発生した事件のごとく、親身になって捜査に力を貸してくれた。日米とも、警察が目的とするものは同じだった。

## 拳銃の販売会社

事前に「ウェザビー本社」からＦＡＸで届いた回答により、中村は、ウェザビー社のカリフォルニア州サウスゲート店で、「Teruo KOBAYASHI」名義で、狙撃に使用したという「コルト社製八インチ銃身の３５７マグナム仕様のパイソン」を購入したことが判明していた。

私たちは、裁判の証拠となり得る正規の販売記録等を入手し、販売を担当したトム・スミスの消息について聴取するため、ロサンゼルス空港に到着したその足で、パソ・ロブレスにあるウェザビー本社に向かった。途中、カリフォルニアワインの広大な葡萄畑を車中から眺めながら、アメリカの捜査が成功裡に進むことを願っていた。

車で、優に二時間はかかったであろうか。

ウェザビー本社に到着すると、早速、副社長とデータプログラマーが応対し説明を始めた。この本社には、販売記録として、ATF（アルコール・タバコ・火器及び爆発物取締局）の所定用紙に、購入者自身が自筆した「購入申請書」と、同社の「販売記録票」が保管されていた。交渉の結果、警視庁からの正式な照会文書に基づき、それぞれの複写に同社独自の説明文と同社の認証印を付けて交付してもらえる手筈になった。

また、従業員のトム・スミスについては、雇用記録は廃棄されていたが、在籍する従業員への聞き込みから、ロングビーチ市に住んでいるのではないかという回答を得た。

この情報を基に、ロス市警がトム・スミスの住居を割り出して、その妻に聞き込んだ結果、同人は、一九九七年四月三〇日、心不全のため六八歳で他界していたことが分かった。後日、同人宅を訪問したアメリカの捜査当局と私たちに、青白い顔をした妻が対応した。退院したばかりとのことで、聞き込みを受けることなどできる状態ではなかったが、

「夫は退職後、一九八二～九〇年ころまで、ウェザビー社で趣味の銃の仕事をしていた。全米ライフル協会の会員で自分自身でも拳銃を持っていた」

などと、介護士の制止を振り切って回答してくれた。そこまで話すと、介護士が妻を部屋の中に連れていった。

中村が、「銃に関しては、トム・スミスからいろいろな指導を受けた」と話していたとおり、やはり、トムは銃の扱いに通じた人物であった。

## ユニットNo.580の貸倉庫

ウェザビー社の訪問が終わると、私たちは早々に西ロサンゼルスのテネシー・アベニューに所在する貸倉庫会社「A－アメリカン・ストレージ・マネージメント社」を訪問した。

この会社が管理する貸倉庫は、ロサンゼルス市の西六番ストリートに所在する九階建の古びたビル内にあったが、中村は同倉庫のユニットNo.５８０を天野守男名義で契約していた。私たちは、まずユニットNo.５８０を視察した。そこは、扉を開けると、幅六フィート（約一・八三メートル）、奥行きと高さが各七フィート（約二・一三メートル）もあるスペースで、家庭用物置程度の容量があった。簡単に進むと思えたこの貸倉庫会社の捜査に、私たちは、二度の渡米捜査とも多くの時間を費やすことになった。

中村の供述によると、

「この貸倉庫のユニットNo.５８０内には、アメリカで生活するための家財道具のほか、銃器・弾薬を保管していた。フェデラル社の３５７マグナム・ナイクラッド・ホローポイント弾は二箱保管していた。見た目では分からないが、製造年月によって、ホロー部分（弾頭部分の凹み）の深さがやや違っていた。私はホローの深いほうの実包が入った箱から二〇発程度を抜き出して日本に持ち込み、國松警察庁長官狙撃の際に使用した。この実包は、アメリカでも訓練に使ったので、二箱とも半分くらいしか残っていないと思う。狙撃時に着用したコートも日本から持ち込み置いてある」

ということだった。

事前のFBIの捜査によると、「西六番ストリート店の店長マンシアは、『ユニットNo.580内の物品は競売に出している。ユニットの在中物は確認しないまま競売に出すことになっている。買い取り業者は覚えていない。記録もない』と証言した」という回答であった。とてもではないが、納得できる回答ではない。しかし、ロス市警が再度アプローチしたところ、「当時の書類は残っていないが、銃があれば競売前に取り出している。競売の公告は地元紙に出している」と、回答に少々変化が出てきた。

〝これは何かを隠している〟それが中村捜査班の筋読みだった。

私たちがアメリカの捜査当局とともに貸倉庫会社を訪問すると、取締役クラス二名が対応したが、「天野守男と貸倉庫契約を結んでいたのは事実だ。しかし、料金未納のため在中物は競売に出したところ、二〇〇三（平成一五）年四月一五日付で落札された」という、何とも不可解な回答になってきた。実は、この回答は作り話で、いくら追及しても話は遅々として進まなかった。

そうこうするうち、社長のオルソンが登場し、役者のようにジェスチャーを交えて語り出したが、社長も事実を語ろうとはしなかった。口が重い理由は、州法に違反した行為をした上、FBIには虚偽回答をしていたからだった。

最終的にこのユニットの整理に関わった従業員六名全員を徹底して取り調べた結

果、事実が明らかになってきた。そのうち三名の従業員はすでに退社していたため、ラスベガス方面までの広範囲な追跡捜査を余儀なくされた。中には興奮して取り乱し、私と乱闘になりかけた元従業員もいた。あるいは、ラスベガス市警察の刑事たちが、拳銃を抜いて踏み込む場面もあった。紆余曲折を経て解明した事実は次のとおりである。

二〇〇三（平成一五）年一月三一日、天野守男の従兄弟を名乗る人物から、「天野守男は二〇〇二年一一月に死亡した。財産の相続を主張する者はいない」という電話が入り、その後、同内容の手紙が届く。

二〇〇三年三月二五日、エリアマネージャーの「①フォーレス」と店長の「②マンシア」は、料金滞納が続いていたユニット№.５８０の中を確認するためロックを解除しようとしたが、天野守男が取り付けた錠が大きく頑丈だったため切断できず、副エリアマネージャーの「③ブラウン」にグラインダーで切断させてユニット内を確認させた。すると、ブラウンは、ユニット内に拳銃・弾薬が大量に保管されていることを知り、社長の「④オルソン」に報告した。オルソン社長はブラウンに指示して、会社用の錠前で再ロックさせた上で、ユニット№.５８０のドアを封印した。

翌二六日、オルソン社長の指示を受けた副社長の「⑤グレイ」は、部下の「⑥ミゲル」に手伝わせてユニット№.５８０を開け、ユニット内の銃器・弾薬・空薬莢を本社に運び込んで整理を始めた。

その中から、グレイは八種類の弾丸計四一発と拳銃手入れ用工具類一二点、ミゲルはドリルプレス機一台と工具類一八点を勝手に持ち帰った。また、同日、ユニット内の残余物は、マンシア店長が一つ一つ確認して店舗内のゴミ捨て場に廃棄した。廃棄した物の中には、ハンガーに掛けられた黒っぽい汚れたコートもあった。よって、競売に出した事実はなかった。

同年六月一三日、グレイ副社長は、オルソン社長を伴ってワシントン・ブールバードのガン・ショップ「Martin B. Retting Inc.」に拳銃・弾薬を持ち込み引き取ってもらったが、空薬莢の引き取りは拒否された。仕方なく、空薬莢はいったんグレイの自宅に持ち帰った後、別荘に移動して引き取ってくれるリサイクル業者を探したが見付からず、結局、その年の暮れにゴミとして出したというものであった。

ユニット内を整理したグレイは、

「宣誓して言えることは、保管されていた弾薬の中に、二箱の３５７マグナム・ナイクラッド・ホローポイント弾があり、それぞれ半分くらいが抜き出されていた。弾頭部分は暗い紫色がかった青色をしていた。オルソン社長に『こんな物まであるぞ。ホローポイントは本当にシリアスな弾丸だ』と言った覚えがある」

と証言し、グレイの自宅まで押しかけた私たちに、ユニット内から持ち帰った弾丸と工具類を見せてくれた。その上で、

「拳銃は、分解されている物も含め一〇丁以上、弾薬は各種取り混ぜて一〇〇〇〜一二〇〇発程度、空薬莢は五ガロンのバケツ二杯分程度があった」

と語った。そして、別の日、私たちがグレイの別荘で空薬莢の処分方法について聞いていると、グレイは、

「アメリカの警察が君たちほど真面目で粘り強かったら、もっと犯罪は減っているよ」

と、その場に立ち会っていたアメリカの捜査当局におかまいなしで話していた。

最終的に、社交的で明るいオルソン社長も、寡黙で実直なグレイ副社長も、日本警察を尊重し協力してくれた。

私たちはグレイに別れを告げ、別荘から程近いサンタモニカの海岸に出てみた。快晴の空の下、爽やかな日差しを受けた青い海がキラキラと輝いていた。その美し

い光景を目にしながら私は、グレイがガン・ショップに持ち込んだナイクラッド弾を、外交ルートを通じて日本に持ち込む具体的な方策を模索していた。しかし、名案は浮かばず、気持ちは晴れなかった。

銃器・弾薬の引き取りを依頼したガン・ショップでの聞き込みでは、日系アメリカ人の店員が親切に応対してくれたが、突然、白人店員から陰に呼ばれ、「余計なことは言うな」と叱られている姿が見えた。以後、その日系店員の姿はなくなり、代わりに現れた白人店員に私たちは執拗に交渉したが積極的に応対してくれず、最終的に白人店長が、

「グレイから引き取ったナイクラッド弾は裏の倉庫に行けば置いてある。ただ、ほかにもナイクラッド弾を引き取ったことがあるので、それらと区別できない」

の一点張りで、いくら粘っても提示すらしてくれない状態だった。

ここが日本ならば、裁判官から捜索差押許可状の発付を得て、倉庫に保管してあるナイクラッド弾を根こそぎ押収するところだが、アメリカ国内では当然そんなことはできるはずもない。諦めるしかなかった。しかし、グレイやガン・ショップ店長の証言から、３５７マグナム・ナイクラッド・ホローポイント弾が天野守男名義で契約したユニット№５８０内に存在していた事実は明確となった。

平成二八年の秋、オルソン社長から突然電話があった。

「貸倉庫会社はすでに閉めてレイク・タホに隠居した。きみたちが探していた銃をもう一度教えてくれないか。いまでも気になっている」

という。私は、すでに警視庁を退職し事件も時効になったことを前置きした上で、銃の詳細を通訳に託して伝えた。それだけ、貸倉庫会社にもインパクトを与えた捜査だったのであろう。

「レイク・タホは良いところだから、アメリカに来ることがあったら遊びにおいでよ」

社交辞令だろうが、捜査を通じて築いた人間関係は、日本人もアメリカ人も変わることはないと感じる一幕だった。

## ロサ・ゴンザレスの告白

エージェントAこと「ロサ・ゴンザレス」は、中村の思想に感化されている可能性があることを考慮し、一回目の接触は、事前に理論武装させないため、アポも入れずに直接自宅を訪問してインタビューした。突然、来訪したアメリカの捜査当局と日本の捜査員にロサは呆気にとられていたが、訪問理由を丁寧に説明したところ、自宅内に招き入れてくれた。

彼女は、メキシコ国内の大学に在学していた当時、未婚のまま娘マリアナを出産し、その後、子連れで米国人男性と婚姻して二男・一女をもうけた。

しかし、夫のＤＶ（家庭内暴力）が原因で離婚し、子供たちを引き取って、夜間勤務専門の看護助手として働いていた。長女マリアナは大学を卒業して家庭教師のアルバイトをしながら一人暮らしをしていたが、残りの三人の子供たちはロサと集合住宅で同居していた。

この日は、「モリオ・アマノ（中村泰の偽名）」と知り合った経緯、「モリオ・アマノ」のために行動した内容等の概略を聞き取り、可能な限りフレンドリーに接して、日本警察を信頼させることに重点を置いた。二日目は、オレンジ郡保安官事務所の取調室に同行して、録音録画の下、取り調べることになった。彼女の話の概略は次のとおりである。

「一九八六（昭和六一）年、メキシコシティにある大学の薬学部で勉強するかたわら、日本語学校に通っていた。大学在学中、メキシコ人男性との間にできた娘を出産し、卒業後、ラパスで政府系の缶詰工場で品質管理の仕事をしていた。

　そのとき、外国文化に興味を持ち、ラパスの地元新聞か雑誌でペンパル募集の記事を見て、日本人の『サブロウ・スズキ』と文通を始めることになった。しかし、サブロウは間もなく結婚することになり、その知人の『モリオ・アマノ』と文通するようになった。私は家庭の事情で、アメリカ国内のコスタメサ、メキシコ国内のラパスを転々としていたが、モリオはいずれの地にも私と子供たちに会いに一〇回以上は来てくれた。モリオとは一緒に旅行にも行った。特に、モリオはマリアナを溺愛《できあい》して、自分の娘のように可愛がり、誕生日には必ずプレゼントを持って会いに来てくれた。

　品質管理の仕事を辞めた後、航空会社で勤務していたとき、モリオから化学薬品のカタログの入手を依頼された。私は書籍で調べて、内容の豊富なカタログを手に入れて日本に送った。そのとき、私は、モリオは爆弾か爆薬を作る仕事をしているのかと思ったが、詳しくは聞けなかった。ただ、薬品そのものを手に入れて日本に送ったことはない。

　また、モリオから、BATTERY CHARGER 一〇台くらいの処分を依頼された。売りさばいて得た金はいただけるという話だったので、金銭的な援助と理解して話に乗った。宣誓するが、銃器・弾薬の密輸に加担したことはない。モリオが、だれかを連れて私たち家族に会いに来たこともない。モリオはいつも一人だった。
最後にモリオと会ったのは、二〇〇一（平成一三）年九月一一日の同時多発テロ事件よりも前だったが、そのうち手紙を出しても返送されてくるようになった。病気でも患ったかと心配していた。しかし、この取り調べで、警察に捕まっていたことが音信不通になった理由と分かった。それと、私はモリオに利用されていたことも分かった」

果たして、中村は、何の目的でロサ・ゴンザレスと交際していたのだろうか。単なる密輸の使役だったのだろうか。ロサは、中村と性的な関係を持ったこともないという。

中村は、取り調べでロサ・ゴンザレスについて語っている。

「テリー・コバヤシとして渡米した昭和六二年、とても話し好きなメキシコ系の白タク運転手と出会った。その運転手の名前

ロサの娘への中村の土産

は『ヘスス』と言い、たまたま彼の白タクに乗車したことがきっかけだった。ちょうど昼時だったこともあり、私は情報収集を兼ねてヘススをランチに誘った。このころ、私は、チェ・ゲバラやフィデル・カストロを受け入れた寛容な国メキシコに拠点を作ろうと計画していた。ファストフード店でランチをしながら、チェ・ゲバラやサンディニスタ革命の話をすると、ヘススは当時三〇歳くらいの若者なのに、人民解放に関する知識が豊富だった。このことで、私は、ヘススの知人や親戚を頼って拠点を作ろうと下心を持ったが、ヘススは、『秘書を募集して、秘書を介して拠点を作ればいい。スペイン語の日刊紙〈ラ・オピニオン〉に募集広告を載せよう』と誘ってきた。その後もヘススは、私が滞在していたモーテルに来て助言してくれた。私はヘススに頼んで、まず、『サブロウ・スズキ』という名前で『ラ・オピニオン』にペンパル募集を掲載した。すると、メキシコ人女性、コスタリカ人女性等四名の応募があり、その中から英語とスペイン語が堪能なロサを選択した。しばらくロサと文通して様子を窺い、その能力・信頼度を検討した。様々なテストを経て、『この女ならエージェントとして使える』と判断できた時点で、『サブロウ・スズキは結婚することになったので、その知人のモリオ・アマノが引き継いで文通する』と言って私が登場し、ロサと接触していった」

ところが中村は、ロサの長女マリアナを実の子のように溺愛してしまった。中村にとっては想定外のことだったのかもしれない。中村も所詮人間だった。家族愛に飢え、幸せな家庭に憧れていたのであろう。秘匿性を重視する中村は、それを日本国内に求めることができず、偽名を用いて海外の利発な女性とその家族に求めていたのかもしれない。

私たちは、ロサとマリアナに依頼して、天野守男こと中村泰宛のビデオレターを撮影した。彼女たちは、モリオが犯罪者だったことにショックを受け、更生してほしいと涙ながらに訴えていた。また、マリアナは「モリオに渡してほしい」と言って、額に入った大学の卒業写真を私たちに託した。

最後にロサは、うつむいて、

「私は本当に男運がない」

とつぶやいた。

## 「テリー・コバヤシ」の足跡

中村の供述と見取図に基づき、中村が訓練に使用したというインドアあるいはアウトドアの射撃場の所在を確認していくと、すでに閉鎖している射撃場もあったが、カリフォルニア州六ヵ所、アリゾナ州六ヵ所の射撃場を確認できた。

そして、「テリー・コバヤシ」と名乗って射撃訓練を受けていた日本人を知る者を探したが、中村が師事したインストラクターはすでに他界していた。

また、中村の供述に基づき、ロス郊外のヴァン・ナイズ空港の近くにある「ポニー・エクスプレス」というガン・ショップを探した。中村は、このガン・ショップでULA製の長距離狙撃銃（押収済）を特注したほか、店内にあったガンスミス（修理工）の工房で、狙撃に使用したパイソンを始め、様々な拳銃の引き金を調整したと打ち明け、担当者の「ハードウィック」も記憶していた。しかし、私たちが訪問したとき、その場所にガン・ショップはなく、スポーツドリンクの問屋が所在していた。

ランチタイム中だった東南アジア系の従業員たちが私たちの問いかけに、

「この問屋は五年前からここにあるけど、その前の四年間は空き家さ。なんたってこの辺りは泥棒が多いからな。ポニー・エクスプレスがあったのはその前だよ。老舗《しにせ》のガン・ショップだった。でも、泥棒被害に参って閉店したと聞いているよ」

と紙皿に載ったジャンクフードを口に入れながら答えてくれた。

残念ながら、「ポニー・エクスプレス」は、一〇年近く前にはこの場に所在したが、すでになくなっていた。しかし、その後の追跡捜査で、このガン・ショップはアイダホ州に移転し、ヴァン・ナイズ空港近郊で営業していた当時は、店内に「ハードウィック＆マコロー」という名称の修理工房が所在したことを突き止めた。さらに、ハードウィックの相棒マコローと、週末だけ手伝っていたというフィッツラーを割り出し、二人に聞き込んだところ、ハードウィックは一九九五年一月に逝去したこと、引き金の調整は職人だれもが携わっていたこと、日本人の来店は多いが、ハードウィックが亡くなった後、357マグナム仕様のウィンチェスターの拳銃を持ち込み、銃身の交換を依頼した日本人が一人だけいたことなどを答えてくれた。しかし、ハードウィックが亡くなっていた以上、中村が八インチ銃身のパイソンを持ち込み、その引き金の調整をした裏付けはとれなかった。

一方、「ガン・ショー」と呼ばれるフリーマーケットは、アメリカ各地で週末に開催され、大小を問わず簡単なチラシで集客していた。そこでは、銃器・弾薬や銃にまつわる様々なグッズ等が安価で販売されていた。

私たちは渡米中、カリフォルニア州の「ベンチュラ・ガン・ショー」とアリゾナ州の「メサ・ガン・ショー」を視察したが、ベンチュラは隣接する三棟の建物を使用して開催し、メサは大ホールを借り切って開催するなど、大規模なものだった。いずれの会場も入場料は九ドルで、会場内には、拳銃、ライフル銃、自動小銃、機関砲、各種の実包、修理工具、軍服、刀剣類、世界のコイン、世界の軍隊のバッジ等が大量に展示販売されていた。

現在は、フェデラル社の357マグナム・ナイクラッド・ホローポイント弾は販売されていないが、過去には販売していたことを聞き込んだ。また、韓国ウォン硬貨はもちろんのこと、稀少ではあるが、手を尽くせば朝鮮人民軍記章を手に入れることも可能と語る販売業者もいた。何より、中村が購入し國松長官狙撃現場に携行したという八インチ銃身のパイソンが収納できるホルスター（拳銃収納ケース）の販売を確認できたことが収穫だった。

この行程の中、アリゾナ州フェニックスを本拠地とする大リーグ「アリゾナ・ダイヤモンドバックス」のホームスタジアム近くでメキシコ料理タコスを食べる機会があった。たとえ、アメリカ捜査で中村の容疑性を裏付ける結果を積み重ねたとしても、公安部幹部は決して良い顔はしてくれない――そう考えると、私は気が重くてならなかった。本来ならば、本場のタコスは程よい辛さで美味しいはずだったが、このときばかりは極辛で不味《まず》く感じた。

## 海外捜査の重圧

中村が供述した事務代行業者を確認していくと、ハリウッドの事務代行業者からは、

「テリー・コバヤシ（中村の偽名）のことは覚えている。一九九一（平成三）年八月三〇日からNo.600のボックスを契約していた。月額一〇ドルの賃料は国際為替か小切手で送ってきていた。一九九六（平成八）年ころからは、溜まった郵便物を大阪のフジキ・トレーディングに送付することになった」

と鮮明な記憶に基づいた回答を得ることができた。さらに、この業者は、

「二〇〇三（平成一五）年三月、テリー・コバヤシの従兄弟というタダオ・コバヤシから、『二〇〇三年一月、テリーは亡くなったので契約は解除し、郵便物は処分してくれ』などと手紙と電話がきたので、二〇〇三年三月三〇日付で解約した」

と話してくれた。

また、平成一四年一一月二二日、中村が名古屋市内で逮捕された当時、天野守男名義で契約中だったロサンゼルス市内の事務代行業者は、

「アマノさんは一年に一度くらい車でやって来る日本人で、当店で一番大きいボックスを借りていた。しかし、二〇〇三年ころ、アマノさんが亡くなった旨の電話が入り解約することになった。可哀想なのでお悔やみの手紙を出した」

などと回答してくれた。

この二店舗や先の貸倉庫会社に対する聞き込みから、中村には、英会話が堪能な支援者がいることが新たに判明した。亡くなった鈴木三郎には、英文の手紙を書いたり、流暢《りゅうちょう》な英会話で契約解除の電話を入れるだけの英語力はなかった。いったいだれが中村の従兄弟を名乗ってアメリカ国内の事務代行業者や貸倉庫会社に電話をしたのであろうか。この支援者は、警察庁長官狙撃を手伝った人物と同一人物なのであろうか。さらなる課題を突き付けられることになった。

なお、中村が、カリフォルニア州で取得した小林照夫名義の運転免許証と、アリゾナ州で取得した天野守男名義の運転免許証の住所地は、いずれも事務代行業者の所在地だった。

特に、小林照夫名義のカリフォルニア州発行の運転免許証の所在地は、「Phila House」と称する「BATTERY CHARGER」の返送先だった。同店は、すでに移転していたが、追跡捜査の結果、同店マネージャーにたどりつくことができた。ガッチ

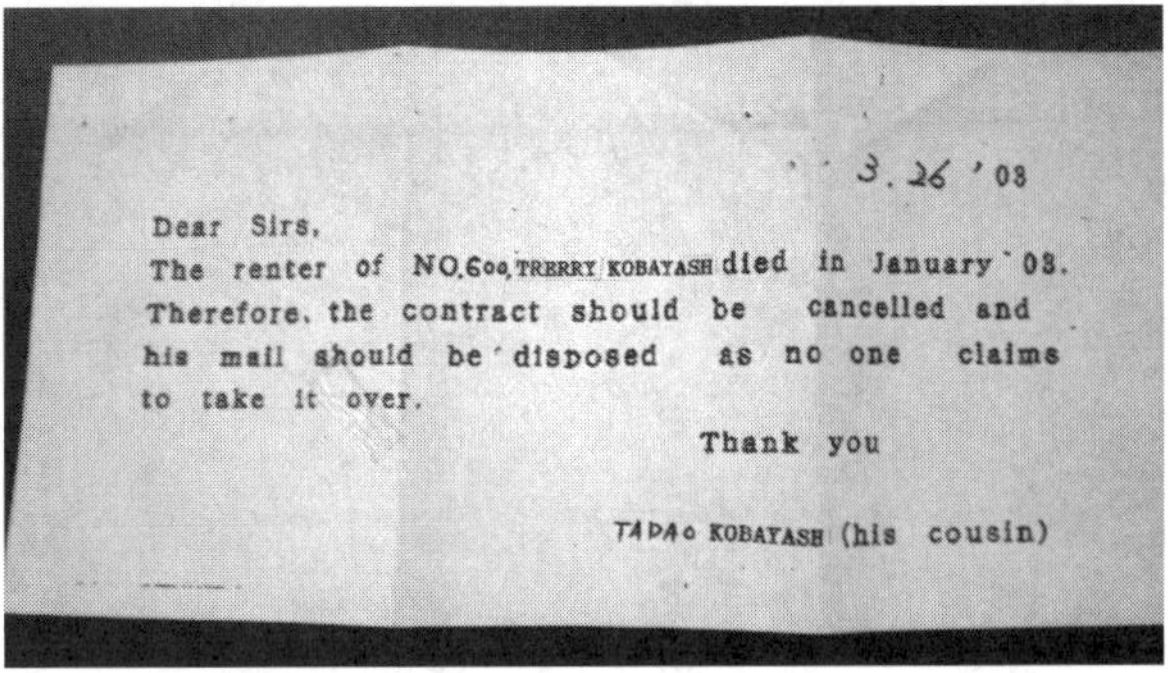

3.26 '03

Dear Sirs,
The renter of NO.600, TRERRY KOBAYASH died in January '03.
Therefore, the contract should be cancelled and
his mail should be disposed as no one claims
to take it over.

Thank you

TADAO KOBAYASH (his cousin)

ハリウッドの事務代行業者に届いた従兄弟を名乗る者からの手紙

リした体格のマネージャーは、「俺は元保安官だ。何でも聞いてくれ」と豪語して協力的だったが、私たちの細かい質問に、「I have no idea.」と申し訳なさそうにつぶやいた表情が印象的だった。

本来ならば、アメリカにおける捜査は、警視庁が、大量の銃器・弾薬の所持被疑者として中村を逮捕した平成一六年以前に実施しておくべきだったと反省する。その当時はまだ、海外で捜査を進めるノウハウが乏しく、捜査員の感覚もすこぶるドメスティックだった。

煩雑な手続きを経て、いざ日本を飛び立っても、日米の捜査員の間に生じる捜査感覚や捜査手法の齟齬《そご》を埋めていかなければならない。海外での捜査に見合うだけの成果を獲得しなければならない重圧にもさいなまれる。

それでも、その重圧を撥ね除けて真実を追い求める私たちの熱意に、アメリカは十分に応えてくれた。

編集部注：人名の一部は仮名としました。

# 第六章● 自供

狙撃現場に残されていた朝鮮人民軍記章と韓国10ウォン硬貨

## 「反権力」の魂

平成二〇年三月、中村泰が警察庁長官の狙撃を実行したことを認めて以降、公安部幹部から中村に確かめてほしいという質問項目が寄せられるようになった。その項目は細かい内容に関するものが多く、取り調べを担当する者としては、質問に躊躇してしまうほどの嫌みな内容だった。

たとえば、

「中村が言うとおり、警察庁長官の公用車は、確かに平成七年三月二八日に同じ車名の別の車に変更になったが、形状やパーツの変化について中村は供述していない。それは、実際に見ていないからではないのか」

「中村は、狙撃地点には目隠し用にゴールドクレストの鉢植えが置かれていたはずだったが、現場に行くと、何もなかったと供述している。このゴールドクレストの鉢植えのことは未発表の事実であるが、撤去した管理人等に取材した一部のマスコミが、この事実を把握している可能性がある。よって、秘密の暴露ではない」

「中村は、逃走用の自転車は一見して錆びているような中古と供述しているが、写真で見る限り錆が付いているようには見えない」

「中村は、逃走用の車はNTT荒川支店の駐車スペースから出てきたと供述している。営業開始前に駐車場に車が停まっていれば、職員間で話題になるはずだが、そのような情報は確認されていない」

など、中村供述にことさら言いがかりを付ける内容であり、真実を供述させるための取り調べとしてはふさわしくない質問内容だった。

それでも私は、翌四月の取り調べで、指示された質問項目を中村に当てていき、中村も記憶を喚起させながら真摯《しんし》に答えていたが、最終的に憤懣《ふんまん》が爆発した。

「公安部からの質問は、狙撃時の詳細や警戒員の動きなど、事件の骨格となる部分の質問ではなく、枝葉のような細部のことに集中している。揚げ足や言葉尻を捉えて文句を付けたいためなのか。狙撃事件は一三年前の事件であり、特に印象に残る出来事がない限り、細部の内容は忘れてしまったり、記憶が曖昧になったりしている。それを淀みなく供述しなければならないというのか。勘違いや記憶違いが出て当たり前ではないのか。

私が、狙撃がオウム真理教による犯行と偽装したことは確かだ。しかし、発生直後ならともかく、一〇年近く経ってから、オウム関係者四名を逮捕することは予想すらしなかった。いつまでも私の策略に騙されているのではなく、公安部の指揮官は、いい加減に目を覚ましていただきたい」

　この公安部からの質問項目は、かえって中村の心底にある反権力思想に火を点ける結果となってしまった。以後、中村は、公安部に対して敵意を剝《む》き出しにして、公判を見据えた迫真性のある供述にアップデートしていった。同時に取り調べ側に対する姿勢も協力的になっていった。

　平成二〇年五月一二日に中村捜査班が設置された当時、中村は大阪拘置所に在監していた。

　毎月、大阪に出向いては、二〜三日間、取り調べを進め、平成二一年一〇月、中村が岐阜刑務所へ移送になってからは、市街地から遠く離れたその場所で取り調べを行うことになった。

　中村捜査班設置以降の取り調べには、取り調べ補助者として、意識して公安第一課員を帯同し、立ち会わせた。それは、実際の中村を見て、供述内容を吟味してもらいたかったからである。それに、私が、利益誘導や脅迫によらず、任意性に気を配った取り調べをしていると確認してもらうためでもある。

　大阪拘置所で取り調べをしていた時期、平成二〇年一一月ころからは、著作権に絡んだ詐欺事件で大阪地検特捜部に逮捕された大物音楽プロデューサーの取り調べが行われていた。

また、平成二一年六月ころからは、障害者郵便割引制度悪用事件で同じく大阪地検特捜部に逮捕された厚生労働省局長の取り調べが、我々と隣接した取調室で行われていた。

大阪拘置所では、昼休みに被告人を食事に行かせた後、取り調べ担当者たちは拘置所内の食堂で昼食を済ませる。

取り調べ中は、なかなか食欲も湧かないため簡単にそばやうどんをする程度にして、待機室で一堂に会して午後の取り調べ開始時刻を待っている。ある者は資料を見直し、ある者はテレビを見ながら昼のひと時を過ごしている。いつも、四〜五人程度が待機している状態である。

その中で、昼休みになると大柄の検察官がやって来て、ポテトチップスの袋を抱えて頬張りながら、厚生労働省局長の取り調べを担当していた若手の検察官に厳しい指示をしている姿が印象に残った。私は、素直に指示を受け入れる取り調べ担当の検察官に秘かに同情していた。「取り調べの目的は、真実を発見することにある。それを忘れてはならない」と伝えたかった。

私は中村に、「秘密の暴露」という言葉を知っているか尋ねたことがあった。中村は、〝馬鹿にするな〟という表情をして鼻で笑った。

それならば、警察庁長官を狙撃したのは自分であることを確固として示すため、秘密の暴露をできる限り多く盛り込んだ供述をするように促した。中村はそれに応え、必死に一三年以上前の作戦行動に思いを馳《は》せ、正確な事実を思い出しながら供述していった。中村捜査班もそれを受けて、精密な裏付捜査を進め、供述の信憑性を確かめていった。

私は、中村が供述した内容を聞き取ってメモを作り、そのメモを中村自身に添削させて修正し、出来上がった内容を再確認させ、被疑者供述調書を作成していった。当初、中村は私が作成したメモを細かく添削していたが、取り調べの過程で中村が好む言い回しや語句が分かるようになってくると、中村から加除訂正される箇所も少なくなっていった。こうして平成二〇年一〇月から平成二一年二月にかけて、警察庁長官を狙撃するまでの思想形成から狙撃の実行行為、狙撃後の行動に至るまでの被疑者供述調書を十数通作成した。

取り調べの中で、私は中村とこんな問答をしている。

「警察庁長官を狙撃することに戸惑いや躊躇はなかったのか」

「我々がオウム真理教団と交戦したり、サリンのプラントがあった第七サティアンを爆破したりする作戦は困難と思ったが、警察庁長官を狙撃して暗殺することにより、オウム真理教団に対する警察の捜査を促進させることは、実行可能な身の丈サイズの作戦行動だった」

「警察庁長官の暗殺計画で、反省すべき点はあるか」

「國松孝次氏を暗殺できなかったことが一番の反省点である。象でも倒せる弾丸を撃ち込んだのに、奇跡的に回復したお陰で、國松氏は、その後スイス大使にも任命された。狙撃したことで、かえって國松氏を有名にしてしまった。しかし、暗殺してしまっていたら、悠長に自供することはできなかった。徹底して否認を貫いたと思う」

中村にとっては、犯行声明を出す前に、警察庁長官狙撃事件の捜査対象者として浮上させられることは想定していなかった。しかし、名張市の住居を割り出されて捜索差押えを受けたことで、中村自身が白日の下に引きずり出されることになった。いろいろと思案した挙げ句、この暗殺計画は、恥じることのない作戦行動だったことに立ち返り、自供する決意が固まったようだった。遠いアメリカから、モリオを見守るロサとマリアナのビデオレターやマリアナの卒業写真も、ボディブローのように効いていた。

狙撃前後の行動だけではあるが、中村の供述内容の概略を紹介しよう。中村は、すべての供述の掲載を望んでいたが、限られた部分の、それも要旨に留めることをご容赦願いたい。

## 供述の要旨

【決起】

平成七年三月三〇日午前八時三〇分ころ、東京都荒川区南千住に所在するマンション群「アクロシティ」において、私は、國松孝次警察庁長官の暗殺計画を実行しました。

平成七年三月二〇日朝、オウム真理教首魁《しゆかい》「麻原彰晃こと松本智津夫」から指示を受けた幹部信者らは、都内の通勤ラッシュの地下鉄車内において、化学兵器のサリンを撒く無差別テロを強行しました。このテロ事件の発生は、オウム真理教を巡る当時の情勢から容易に予測することができましたが、警察はこれを傍観し、本腰を入れてオウム真理教に対する捜査をしなかった怠慢が、罪のない一般市民を巻き込む大事件を惹起する結末となったのです。

さらには、三月二二日、警察は重い腰をようやく上げて、オウム真理教団施設に対する一斉捜索に踏み切りましたが、一人の幹部信者も逮捕できないばかりか、化学兵器も銃器・弾薬等の武器も押収できないお粗末な結果でした。

この推移を見て、必ず近い将来、オウム真理教団はまた一般市民を巻き込む無差別テロを引き起こすことを危惧しました。この緊迫した状況下、導き出した結論は、オウム真理教団の犯行に見せかけて警察庁長官を暗殺して警察首脳を精神的に追い詰め、死に物狂いでオウム真理教団に対する捜査指揮に当たらせ、併せて全国警察の奮起を促し、オウム真理教団を制圧させることにありました。よって、この暗殺計画は、私利私欲を離れた使命感に基づく行為であり、職務を全うせずに責任回避をして、市民を危険に陥れた警察への強い憤懣が、この暗殺計画を推し進める原動力となりました。

**【副産物】**

平成七年一〜三月、警察庁が置かれていた合同庁舎二号ビル（旧庁舎）は、特に警戒している様子もなく、私は簡単にビル内に入ることができました。このビルの三階以上に警察庁がありましたが、私が見る限り通常業務をしている程度で、化学兵器のテロに対処する危機感らしいものはなく、何の妨害も受けずに内部の情報収集ができるぬるま湯的な有様でした。私は、何回か下見した後、夜間から早朝にかけて杉田和博警備局長室や垣見隆刑事局長室に侵入してオウム真理教団に関する内部資料を確認しました。局長室は木製の扉で、錠はワード(Wards)とレバー・タンブラー(Lever Tumbler)を組み合わせた旧式のものでしたので、同種の合鍵やピッキングで簡単に開けることができました。ペンライト一つで山のような資料を確認する作業でしたが、オウム教団に関するめぼしい資料は見付けることができませんでした。ただ、この諜報活動の中で警察幹部の住所を記したものを目にしました。当然、その中に國松孝次長官の住所もありましたが、國松長官の住所が「荒川区南千住六丁目」だったことに意外な感じを受け、「この資料は本物なのかな」と疑ってしまいました。このオウム真理教団に関する情報収集を目的とした諜報活動の副産物として知ることになったのが、國松長官の住所でした。その他、関口祐弘次長の住所は●●●で、南青山に住んでいる幹部が何人かいたので南青山には官舎があるのかと思いました。

数日後、浅草方面に用事があった際、國松長官が住んでいるという南千住を興味本位で視察しました。私は、その辺りに特別な土地鑑があったわけではありませんが、南千住と言えば、ドヤ街が入り交じった場末の街並みがイメージされ、高級住宅街とは正反対の場所と思っていました。ところが、國松長官が住んでいるというアクロシティを見たとき、「こんなところにこんな物が建っていたのか」とロサンゼルスにでもいるような強い衝撃を受けました。このとき、Eポート一階の集合郵便受けと國松氏が住むという部屋の前の表札で國松長官が本当に住んでいることを確認しました。この事前の知識がなければ、國松長官を狙撃することはできませんでした。地下鉄サリン事件以後に警察庁長官の暗殺を思い立って長官の住所を調べようとしても、とても三月中に決行することはできませんでした。

押収品・手口による裏付け
●平成七年一月二七日～三月九日の間の霞ケ関駅発行の一四〇円区間切符（キセル切符）十枚を名張市の住居にて押収
●ピッキング用具、多種多様の鍵を名張市の住居にて押収
●前歴の手口は「夜間における金庫破り※」

※「金庫破り」とは、事務所等に侵入し、金庫を破って金品を窃取するもの。

【視察】

かつて、地下の武装組織の結成を目指したとき、私は、要人の暗殺も作戦行動の一つと想定していました。手段としては、狙撃による暗殺でしたが、狙撃は、他に危害を与えることなく、標的を確実に仕留めることができるため、最も適切な実行手段と考えていました。そのため、私は、アメリカで射撃技量の錬磨に努める一方、長距離用と中距離用の高精度の銃を手に入れて日本国内に秘かに運び込んでいました。こうした前提から、私は狙撃により國松警察庁長官を暗殺する計画を検討しました。

まず、実行する場所は、私邸のアクロシティで実行すべきか、勤務先の警察庁界隈で実行すべきか検討したところ、警察庁界隈で実行するとなると、接近して実行しなければならず、また、退避するとき、官庁街は人通りが多い上、警察が厳重な警備を敷いているため極めて困難な状況でした。したがって、警察庁界隈は断念し、私邸付近で実行することを選択しました。

次に、狙撃のタイミングですが、國松長官は、公用車で出退勤しているものと考えられたため、出勤のため公用車に乗車するときに実行するか、帰宅時、公用車から降車して私邸に入る前に接近して実行するかを考えましたが、帰宅時を狙うとなると、國松長官の帰宅時間が読めないため、現場付近で時間調整をする必要が生じ、その間に住民や警察に見付かる危険性がありました。様々なケースを検討した結果、最終的に、國松長官の出勤時、公用車に乗車する直前に狙撃する作戦が最も妥当であり、最も成功する確率が高いと判断しました。

視察は、平成七年三月二二日、警察がオウム真理教団の施設を一斉捜索した翌日の三月二三日（木曜日）から始めました。この日は、視察の初日だったことから、午前七時ころから午前九時ころまで、幅を持って視察することにして、出勤時間、警備状況、乗車時の状況等を視察しました。早朝、私は小平市のアパートからバスで中央線「国分寺駅」に行き、新宿駅経由で、山手線「西日暮里駅」まで向かいました。西日暮里駅前でハヤシと待ち合わせると、私は、ハヤシが運転する軽自動車の助手席に乗ってアクロシティに行き、徒歩でその界隈を視察しました。このときの私の服装は、黒っぽいコートにショルダーバッグといった定年を迎え、第二の職場で働く会社員のような装いでした。私は、國松長官が住むEポート北側の周回道路を歩いたり、隅田川に沿った道を歩きながら、長官公用車の到着を待ちました。一時間以上、視察したころだったか、警察車両らしいシルバーメタリック色の乗用車がEポートからややFポート寄りの北側周回道路に停まりました。そして、午前八時二〇分ころになると、長官公用車らしき黒色の日産プレジデントが、Eポート北側の道路上に停まりました。停車位置はEポートとFポートの間の植込みの切れ目辺りで、道路左側に寄せて停まると、助手席から秘書官と思われる男性が降車して、Eポートの植込みやその周辺を点検して、Eポート玄関付近に立って國松長官の出勤を待っていました。この公用車のナンバーは、「品川33り……」までは覚えていましたが、一連番号の記憶はありません。そして、午前八時三〇分になり、國松長官がEポート玄関から出て公用車左側後部ドアを開けて乗車し、続いて秘書官が助手席に乗車すると、公用車は出発して行きました。

この視察結果から、長官公用車は道路左側に止まり、國松長官は左側後部ドアから乗車することが分かり、狙撃する私の位置は、必然的にアクロシティ広場側となりました。

その上、自分自身の安全を確保しながら國松長官を確実に射殺するため、遮蔽物で私の姿が隠れること、長官公用車の左側後部ドアが見通せること、狙撃後、離脱が容易であることといった条件を充たすポイントとして、Fポート南東角の植込み付近が最も狙撃に適したポイントとなりました。唯一の難点は、このポイントからでは、國松長官が出て来るEポートの玄関が見えないことでした。そのため、Eポートの植込み越しに國松長官の姿を確認した時点で、銃を構えて公用車の左側後部ドアに照準を合わせ、國松長官が照準内に入って立ち止まった瞬間、上半身に一発目を撃ち込み、崩れ倒れた後、頭部あるいは枢要部に二発目、三発目を撃ち込んで暗殺することにしました。また、狙撃ポイントから停車する長官公用車までの距離が三〇メートルくらいだったので、暗殺には、中距離用狙撃銃として保管していた八インチ銃身長のコルト社製パイソンが妥当と判断しました。

私は視察を終えると、ハヤシに西日暮里駅まで車で送ってもらい、山手線で新宿駅に行くと、新宿駅西口の貸金庫に立ち寄りました。この貸金庫は、アメリカから秘かに国内に運び込んだ銃器・弾薬等を保管するため、浅野健夫名義で契約していた貸金庫でした。私は、この中から、八インチ銃身長で黒色光沢仕上げのコルト社製357マグナム口径のパイソン型拳銃と、フェデラル社製の357マグナム・ナイクラッド・ホローポイント弾を取り出して準備しました。

この拳銃は、一九八七年ころ、ロサンゼルス近郊のウェザビーというガン・ショップで、「Teruo KOBAYASHI」名義のカリフォルニア州発行の運転免許証を身分証明書として購入し、船便で日本に持ち込んだものでした。実包は、一九八八〜八九年にかけて、特殊な弾薬が販売されるアメリカのガン・ショーで五〇発入りを数箱購入し、その中から何発かを抜き出して機械の隙間等に押し込み、船便で日本に持ち込んだものでした。357マグナム弾は、他にも保管していましたが、フェデラル社の357マグナム・ナイクラッド・ホローポイント弾を選択した理由は、この実包を最も多く保管していたことや、ホローポイントならば、命中した後、体内で弾頭がマッシュルーム状に開くため、大きなダメージを与えることができ、暗殺に適していると考えたからでした。このほか、バックアップ・ガンとして、シルバー色のスミス&ウェッソン社製モデル6906自動装填式拳銃と適合実包の九ミリ・ルガー弾も取り出して準備しました。

この日、視察結果を検討した結果、長官公用車は國松長官の出勤時間よりも早めに現場付近に到着して、時間調整をしてから出勤間際にEポートの玄関先に到着するはずだから、時間調整をしている長官公用車の動きを見ていれば、Eポート付近で目立った動きをする必要はないという考えが浮かび、翌二四日の視察では、時間調整をしている長官公用車の発見に努めました。

三月二四日も、小平市のアパートからバスで中央線国分寺駅まで行き、それ以降は同様の交通手段で、午前八時〇〇分ころアクロシティに到着して、時間調整のため待機している長官公用車を探すと、Bポート東側路上で待機している長官公用車を発見しました。この公用車は、午前八時二〇分になると出発して周回道路をEポート玄関方向に向かいました。この日も國松長官は、午前八時三〇分ころ、前日と同じように公用車で出勤して行きました。

三月二五日と二六日は土日であることから出勤はないものとみて、視察はしませんでした。三月二七日も、二四日と同様の方法でアクロシティに赴いて視察したはずですが、警察の警戒が強化されるという雰囲気もなく、この状況ならば確実に成功できると判断し、翌二八日、状況の変化がなければ暗殺を実行することを決定しました。

**客観的事実と一致する裏付け**

**●警察車両の停車位置**

**●長官公用車がBポート東側路上で時間調整をする事実**

●午前八時二〇分、長官公用車がBポート東側路上からEポート方向へ移動する事実
●長官公用車の到着位置と到着時間
●長官公用車到着後の秘書官の動き
●狙撃ポイントからEポート玄関が見えない事実
●三月二三日に秘書官が中村に似た風貌の不審者を目撃した状況
●三月二三日の貸金庫の開扉時刻「午前九時四〇分」

【延期】

三月二八日は風の強い日でした。私は、それまでと同様の交通手段で西日暮里駅まで行き、ハヤシが運転する軽自動車に乗り込むと、ハヤシから、アクロシティ近辺で調達した前カゴ付きの黒色ママチャリを、予定どおり、Aポートの自転車置場に置いたこと、自転車には目印にビニールテープを貼り、後輪には私が預けたダイヤル式チェーン錠を掛けたことを聞きました。また、ハヤシから、狙撃地点の植込みに、遮蔽物としてゴールドクレストの鉢植えを置いたことも聞きました。

私は、アクロシティ付近に到着すると、まず、Aポートの自転車置場で逃走用自転車を確認し、Bポート北側の階段付近で長官公用車の動静を見ていました。午前八時二〇分になって長官公用車が動き出すと、私は、Aポートから逃走用自転車を引っ張り出し、自転車を押しながら、正面入口のスロープを上がって広場に出ました。そして、管理棟の裏を通り、Fポートの外壁まで自転車を押して行くと、自転車の頭をGポート方向に向けて立てかけ、狙撃地点につきました。

このとき、ハヤシが話していた鉢植えはありませんでした。それよりも、Eポートの玄関近くで、國松長官の出勤を待っているらしいコート姿の二人の男性が気になりました。この二人は、全体的な印象から、警察関係者と思われ、しかも、南千住署の警備係というよりは、さらに上級の立場にある警察幹部と思われました。そして、この二人は、Eポートの玄関から出て来た人物に歩み寄ると、三人とも玄関内に入ってしまいました。私は、狙撃地点からFポート下の空間に移動して格子窓から様子を窺っていましたが、三人は玄関内から出て来ませんでした。

私は特別な事情が生じたと思い、この日、無理に暗殺を実行する必要はないと判断し、國松長官が出勤する前に現場を離脱しました。よって、この日、國松長官の出勤は通常より遅れたはずです。この予期せぬ出来事から、私は逃走用自転車をAポートの自転車置場に戻し、ハヤシが待機しているNTT荒川支店方向へ歩きながら無線で中止を伝えました。

私は、警察幹部が出勤前の國松長官を訪ねるとは、よほど緊急な案件があったと考えました。それは、多分、身辺警護に関することで、今後、SPを配置するなど警備が強化されるものと推測し、それならばSPもろとも撃ち倒すほかはないという結論に達し、この日の帰りがけ、新宿の貸金庫に立ち寄り、サブマシンガンを取り出して準備しました。このサブマシンガンを使用する場合は、アクロシティ内の広場にある吹抜けの鉄柵に体を預けて派手に撃ちまくることにしました。それに加え、この日、長官公用車のナンバーが別のナンバーに替わっていました。ナンバーが替わったことで車の印象も変わったように思えましたが、替わる前も後も黒色の日産プレジデントでした。

客観的事実と一致する裏付け

●三月二八日午前八時東京地方の風速は四・六メートルだった気象情報

●同日、國松長官出勤前に警察幹部が國松長官の私邸を訪問した事実

●同日、出発が通常よりも一〇分遅れて午前八時四〇分に出発した事実
●同日、警察庁長官公用車両が日産プレジデントの別車両に変更された事実
●管理人が狙撃地点から鉢植えを回収した事実
●同日、貸金庫の開扉時刻「午前九時四六分と午後一時一〇分」

【実行行為】

三月二八日の偵察と予行演習を経て、翌二九日は休養を取って仕切り直し、三月三〇日を決行日としました。早朝、私は、新宿の貸金庫から一時的に小平市内の住居に移動していた狙撃用の銃を使って室内から屋外の立ち木に向けて空撃ち訓練をしました。一通りの準備を終えると、濃紺のコート、黒っぽい背広上下、ワイシャツにネクタイ姿の会社員に扮しましたが、左腰にはバックアップ・ガンとして、スミス&ウェッソン社製のモデル６９０６を入れた小型ホルスターを装着し、スーツの下には肩から長銃身用のホルスターだけを着けていました。

また、携行するショルダーバッグ内には、

・フェデラル社製の３５７マグナム・ナイクラッド・ホローポイント弾を六発装塡した黒色仕上げの３５７マグナム口径の八インチ銃身のコルト社製パイ

ソン型回転弾倉式拳銃
・パイソン用に製作した着脱式の銃床
・予備弾を入れたクイック・ローダー（弾丸六発を一括装填する器具）
・狙撃時に着用する灰緑色の柔らかい生地の登山帽、白色布製マスク、肌色に染めた白色綿製手袋
を入れました。

この銃床は、より精度の高い射撃を目指し、発射時の衝撃を肩で受け止めるために製作したもので、瞬時に銃把から着脱できるように改造してありました。

午前六時過ぎ、私は住居を出ると最寄りのバス停から中央線国分寺駅まで向かいました。その後は、中央線で新宿駅まで行き、そこから山手線外回りに乗り換えて、午前八時前には西日暮里駅に着き、すでに側道で待機していたハヤシが運転する軽自動車の助手席に乗り込みました。

三月二三日以降、同様の方法でハヤシと待ち合わせていましたので、この日も問題なく落ち合うことができました。車内では、ハヤシからサブマシンガンＫＧ－９と同銃の弾倉二個を受け取り、ショルダーバッグ内に収納しました。

午前八時ころにはアクロシティ南側に到着しました。私は車から降りて手袋を

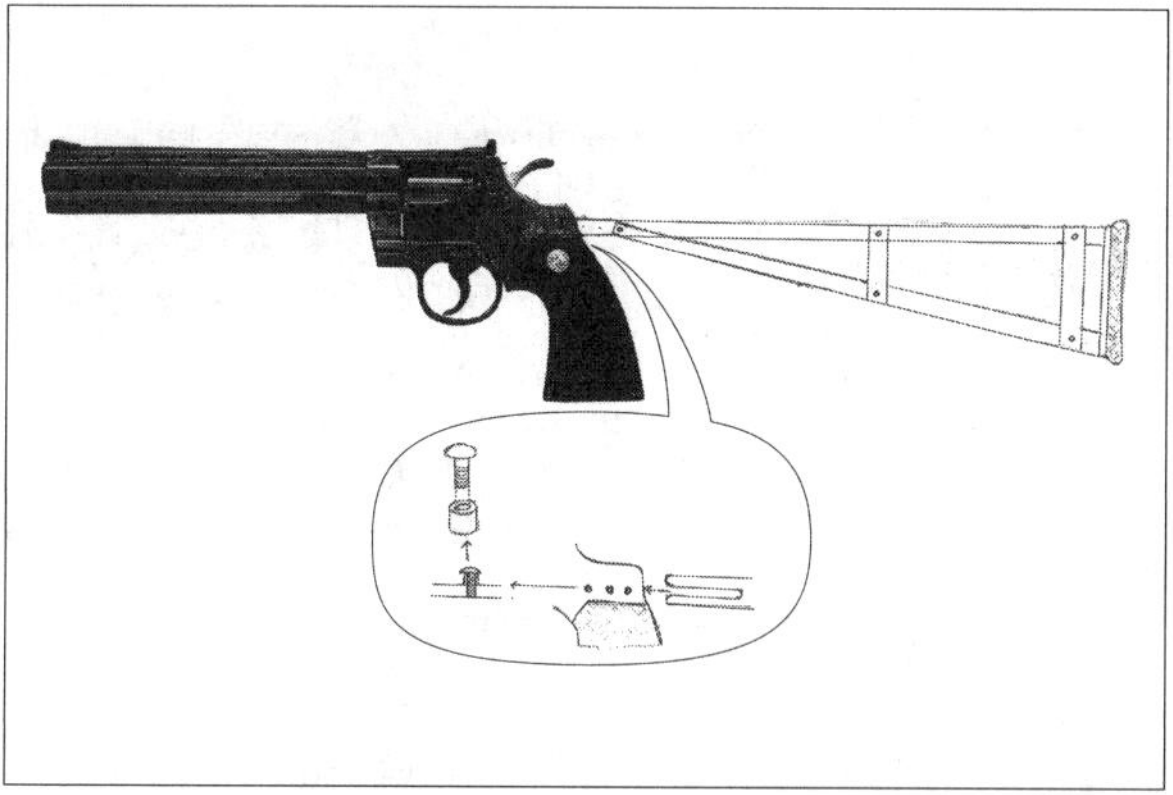

狙撃拳銃に装着した手製の銃床（中村自筆）

はめ、マスクや帽子は流れの中で身に付けました。この日は小雨が降っていたので傘で顔を隠すことができました。取り敢えず、暗殺計画を中断した三月二八日にAポート自転車置場に戻した自転車を確認して、私は長官公用車の到着を待っていました。間もなく長官公用車が、いつもどおりのBポート東側路上に到着しました。これと前後して、この日に限ってのことでしたが、アクロシティ東側の川沿いに警戒員（私服警察官）が一人立っていることに気付きました。しかし、SPや制服警察官を増強している様子はありませんでした。

午前八時二〇分になり、長官公用車がEポート方向へ動き出しました。それを確認して、私はAポートの自転車置場から自転車を引き出すと、傘で顔を隠すようにして自転車を押して歩き、三月二八日と同じ経路でアクロシティ内を進み、自転車はFポートの外壁にGポート方向へ頭を向けるようにしてスタンドを下ろさずに立てかけ、傘は折り畳んで前カゴに入れました。

私は、Fポートの南東角の植込み付近の狙撃ポイントにつくと、コートの左ポケットから朝鮮人民軍記章と韓国一〇ウォン硬貨を取り出して、記章は足元付近に落とし、硬貨は左方向のFポート下の空間方向へ投げました。この遺留品の目的は、坂本弁護士一家殺害事件で現場にプルシャ（オウム真理教のバッジ）を落とした教訓から、今度は北朝鮮の仕業に見せかけるため、記章を落としていったと警察に推測させるためでした。つまり、わざと人民軍記章を遺留したことで、かえって警察は、「オウム真理教がやりそうなことだ」と判断すると考えました。韓国硬貨は、韓国の国家安全企画部から手に入れた北朝鮮の人民軍記章という事実を暗示させる付帯的な思い付きでした。

この日は、長官の出勤を待っている人はいませんでした。人民軍記章と韓国硬貨を放置すると、私は、Fポート下の空間のような場所を移動しながら停車している長官公用車の方向を見ていました。すると、突然、Fポート玄関から会社員風の男性が出勤する雰囲気で現れました。私は、咄嗟に背を向けてFポートの庇から空模様を窺う素振りをして、その男性と顔を合わせないようにしました。その男性はそのままBポート方向へ歩いて行きました。その男性を見送ると、私は狙撃ポイントにつき、コートのボタンを外し、バッグからパイソンを取り出して銃床を取り付けて右手で持ち、コート内側で左腕と左体側に挟み、Eポート玄関付近や長官公用車の左側後部ドア付近に神経を集中させました。

ところが、次の瞬間、目の前を遮って長官公用車の方向へ向かう二人の男性が視界に入ってきました。私は、一瞬、〝これはまずい、狙撃の邪魔になる〟と思いましたが、よく見ると、この二人は國松長官と秘書官でした。國松長官は秘書官が差し掛けた傘に入り、私から見て右側に國松長官、左側に秘書官が位置して、長官公用車の方向へ歩いていました。これまでの偵察の中で、一度もなかったことですが、この日、國松長官は、玄関ではなくEポート西側の通用口から出て来たことがすぐに分かりました。國松長官が通用口から出るところを見たわけではありませんが、偵察時に通用口の位置を把握したからこそ分かったことでした。また、偵察時、狙撃位置から長官公用車の停車位置まで歩測したところ、三〇メートル強という結果を得ていましたので、このとき、私から二人までの距離は約二〇メートルだったと思います。

私は、二人の一方が國松長官と確信すると、自然に体が反応しました。パイソンを両手で把持《はじ》して銃床を肩に当てると、國松長官の上半身中心部に照準を合わせて、まず一発目を撃ち込みました。すると、國松長官は、崩れ落ちるのではなく、前方に突き飛ばされるようにうつ伏せに倒れていきました。

私は、初弾発射とほぼ同時に左手親指で撃鉄を起こしながら直ちに照準を合わせ、うつ伏せに倒れていく國松長官の動きに合わせて、二発目を撃ち込みました。その結果、その弾は國松長官の左下腹部付近に命中しました。

さらに、三発目を撃とうとしましたが、果敢にも秘書官が、うつ伏せに倒れた長官の背中に左側から斜めに覆いかぶさり、長官のほぼ全身を隠すようにしました。そのため、私は、秘書官の体からはみ出た國松長官の右大腿部の股付近にしか照準を合わせることができず、そこに三発目を撃ち込みました。

すると、秘書官は、うつ伏せに倒れた國松長官に自分の腹を密着させるようにして横向きになって盾になると、左腕を國松長官の左脇の下に入れて、右手と右足で匍匐《ほふく》前進するようにして、瞬く間に植込みのコンクリート基盤の陰に國松長官を引き入れてしまいました。

このため、これ以上、撃ち込むことはできませんでした。よって、四発目は、少し間隔を開け、駆け寄って来た警戒員への威嚇の意味で撃ちました。

警戒員は、長官公用車の前方に停車した警察車両内と川沿いにいましたが、川沿いにいた警戒員は、長官公用車の出発に備えてEポート北側路上に移動していたらしく、この警戒員の方が警察車両に乗車していた警戒員よりも幾分早く到着しました。しかし、二人の警戒員は反撃してきませんでした。その様子を見て、私は銃床とパイソンをショルダーバッグ内に納めて背負うと、Fポート外壁に立てかけていた自転車に乗ってGポート方向へ逃げました。Gポートの手前を左折したとき、管理棟方向に管理人らしき男性が立っていましたが、私に近づいて来ることはありませんでした。私はDポート前のスロープを減速しながら下ってアクロシティから道路に出ました。このとき、隅田川方向を確認しましたが、警察の追撃はありませんでした。ただ、左方向から歩いて来た浮浪者風の男と接触しそうになりヒヤッとしました。

私は、アクロシティを出て左折すると直進し、突き当たりの千住間道に出る直前の右側にある喫茶店らしき建物の壁にスタンドを下ろさずに自転車を立てかけ、施錠することなく放置しました。このとき、ハヤシは、千住間道を挟んだ反対側にあるNTT荒川支店の駐車場に車を停めて待機していました。私が自転車を放置して千住間道を横断する間にハヤシは千住間道へ出て荒川警察署方向へ車の頭を向けていました。私は、急いで助手席に乗り込み、予定どおり西日暮里駅を目指しました。西日暮里駅に着くと、私はコートを車に残してスーツ姿になり、ショルダーバッグを持って山手線内回りに乗り、新宿駅を目指しました。このとき、切符は買わずに山手線均一回数券を使用しました。私は、何の障害もなく貸金庫に到着して、狙撃事件に関わる銃器・弾薬の一切を収納しました。

その後、私は帰宅のため中央線下り電車に乗りました。周りの客からは、私のことなど定年退職後のしがない男にしか見えなかったと思いますが、私は昂ぶるものを感じていました。三〇分足らずで武蔵小金井駅に到着し、東小金井駅寄りの跨線橋を渡って北口改札に出ました。この駅では、南口改札、跨線橋の通路、北口改札に合計五～六人の警察官が配置されていました。これが、狙撃後、初めて制服の警察官の姿を見たときでした。北口のバス停から住居に戻るバスの車中からも交差点でパトカーが警戒している状況が見えました。私は、午前一一時ころには帰宅しました。

当時の社会情勢からして、警察庁長官を暗殺すれば、オウム教団による犯行とだれもが受け取ると考えていましたが、それが絶対確実であるとまでの自信はありませんでした。私は警察捜査の方向性を知る必要があり、もし、警察がオウム教団の犯行と見ていないのであれば、追加の作戦も考えなければなりませんでした。しかし、都合よく事態が進んでくれました。オウム信者と思われる者が、テレビ局に、オウム教団に対する捜査を止めなければ、次の犯行を予告する電話を入れてくれたことでした。お陰でこの取り越し苦労は払拭されました。しかし、いくら國松長官の狙撃はオウム教団による犯行と偽装しても、いずれ警視庁はオウム教団による犯行ではないことに気付くと踏んでいました。日本警察は、やがて私たちが仕組んだ偽装工作を看破すると予期していました。

客観的事実と一致する裏付け

●三月三〇日、警戒員を一人増強配置していた事実

●同日午前八時二〇分、長官公用車がBポート東側路上からEポート方向へ移動した事実

●人民軍記章と韓国硬貨の遺留位置

●Fポートから出勤する会社員の目撃事実

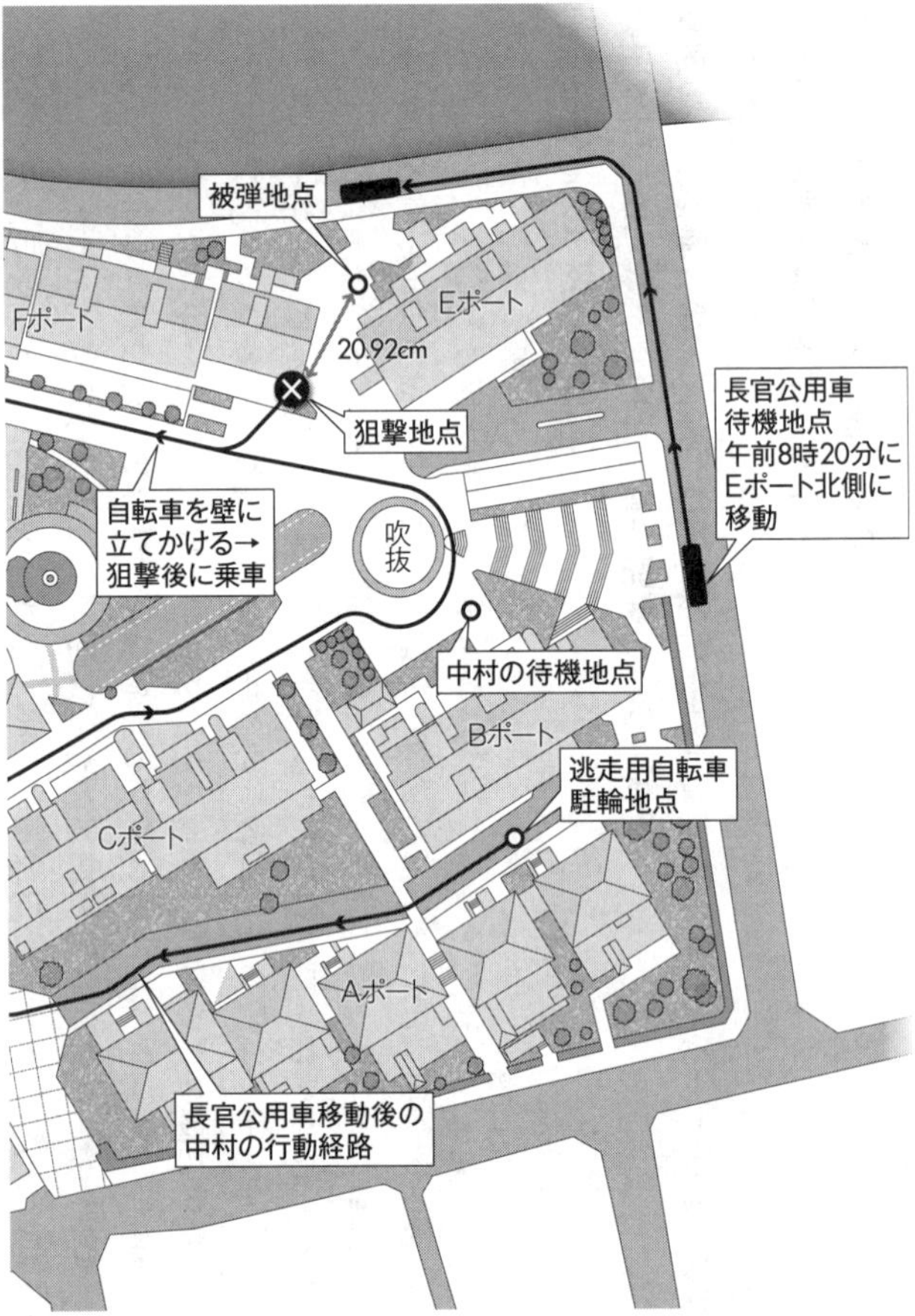
被弾地点
Fポート
Eポート
20.92cm
狙撃地点
長官公用車
待機地点
午前8時20分に
Eポート北側に
移動
自転車を壁に
立てかける→
狙撃後に乗車
吹
抜
中村の待機地点
Bポート
逃走用自転車
駐輪地点
Cポート
Aポート
長官公用車移動後の
中村の行動経路

# アクロシティ内逃走経路

# アクロシティ外への逃走ルート

●國松長官と秘書官の歩行位置
●國松長官の命中部位
●狙撃後、逃走時に目撃した管理人の位置
●狙撃後、逃走時の浮浪者風の男の所在と位置
●逃走用自転車の遺留地点と遺留方法
●逃走時に目撃した武蔵小金井駅の警察官の配置状況とバス車中から目撃したパトカーの配置状況
●同日、貸金庫の開扉時刻「午前九時二六分」
●現場に携行したというショルダーバッグ内の射撃残渣

【事後行為】

私は事態が落ち着くまで次の行動に移ることはせず、テレビや新聞で捜査の成り行きを見守っていましたが、何となく事態が落ち着いてきた四月上旬、狙撃に使用した銃器と残りの弾丸を廃棄しました。前年の平成六年秋ころを皮切りに、竹芝桟橋から大島へ向かう船のデッキから、不要になった銃器や弾薬を海中に投棄していたため、同様の方法で廃棄して証拠隠滅を図りました。

四月上旬、私は、廃棄する銃器・弾薬を新宿の貸金庫から取り出してバッグに納めると、夕方の人波に紛れて新宿駅から山手線で浜松町駅まで行き、浜松町駅北口のロッカーにこのバッグを保管しました。それから、竹芝桟橋付近を視察して、警察の検問や警察官の配置状況を見ましたが、警戒している様子はありませんでした。この日はいったん帰宅して、翌日か翌々日の夜、旅行に出掛ける服装になって、浜松町駅で保管していたバッグをロッカーから取り出しました。その後、私は竹芝桟橋の乗船券販売所で乗船名簿に記入して、最も低いクラスの大島までの片道乗船券を購入しました。このとき、乗船名簿に記載した住所・電話番号・氏名は、咄嗟の思い付きではなく事前に用意していたもので、実在する住所と使われていない電話番号、架空の名前でした。

午後一〇時ころ、船は予定どおり出港しました。午前一〜二時ころになり、乗船客が眠りに入って船内が静かになったときを見計らい、広間で横になっていた私はバッグを持ってデッキに出ました。私は、銃器を入れた紙袋、弾薬を入れた紙袋の順に海中に投棄しました。一分足らずで作業を終えると私は客室に戻り、安堵感を味わいながらぐっすり休みました。早朝、岡田港に着くと、島内を少しだけ観光し、午後の船で竹芝桟橋に戻りました。

私は、狙撃に使用した銃器と残りの弾薬を廃棄した後も、引き続き、オウム真理教団や狙撃事件に関する警察の捜査を注目していました。すると、ついに警察は、五月一六日、第六サティアンで、首魁の「麻原彰晃こと松本智津夫」を逮捕しました。この光景をテレビで見ていて、私はオウム教団に対する闘争は一区切りついたという感慨を抱きました。これを機に、しばらく控えていたアメリカへの渡航を再開することを決め、新宿の貸金庫に保管していた天野守男名義のパスポートを取り出してアメリカ西海岸へ渡航しました。

この年の四月、私は六五歳になっていました。鈴木三郎から、関西方面に引っ越してゆっくり生活することを勧められていましたが、もう少し残務整理をしなければなりませんでした。いずれ警視庁は、國松長官狙撃事件がオウム真理教団の犯行ではないことに気付くはずであり、そのときが来たら、地下鉄サリン事件の発生を招いた警察の責任を追及する弾劾的な声明を出す予定でいました。

ところが、警視庁のK巡査長が國松長官の狙撃を自供するという、いわゆる「K騒動」が起きてしまい、声明を出すどころではなくなってしまいました。私は妙な事が起きたと複雑な気持ちになりました。言わば、脇から出て来た青二才に手柄を横取りされ、弾劾声明を出す最終目的がぶち壊されたという悔しい思いがありました。その後、寒くなる時期、水道橋付近の神田川で警察が川ざらいをしている光景を垣間見ました。私は、〝まったく馬鹿げている。ゴミしか見付からないのに〟と現場の捜査員に同情すら感じました。

國松長官狙撃事件の捜査が迷走しているのを横目に、平成八年一二月、私は東京都小平市から三重県名張市に引っ越しました。蓄積してきた様々な資料は焼却して地下活動の軌跡を葬り去り、東京に別れを告げました。私は狙撃という第一の目的は達したものの、弾劾声明を出すという第二の目的をK騒動によって台無しにされてしまい、イライラした気持ちが拭い去れずにいました。

客観的事実と一致する裏付け

●狙撃当日以後、最初の貸金庫開扉日時「四月一一日午後四時四五分」

●中村の住居から押収した四月一三日二二時　区間東京↓大島　二等乗船券

●東海汽船から押収した「四月一三日付　太田政之　五五歳　東京都新宿区北新宿二-×-×　電話〇三-三三七一-××××等記載の乗船名簿」と「四月一四日付　同様記載の乗客人名票」（筆跡鑑定からいずれも中村の筆跡）

●中村の住居から押収した「四月一四日午後七時一九分浜松町駅発券の一二〇円区

間切符」（キセル切符）
●麻原彰晃逮捕後、最初の貸金庫の開扉日時「五月一七日午後四時二五分」
●麻原彰晃逮捕後、最初の米国ロサンゼルス渡航期間は五月一八日から六月一一日

## 警視総監の述懐

中村捜査班が発足して一年を迎えようとする平成二一年四月二〇日、私は、公安部長に対して、中村泰に関する捜査の中間報告をした。

その報告書の冒頭には、「結論」と題して、

「中村泰は、本件に関して濃厚な容疑があり、被疑者である可能性は極めて高いものと判断せざるを得ない。しかし、立件の是非は、今後の捜査の進捗状況や諸般の事情を考慮すべきと考える」

と記載した。

すると、二ヵ月後の六月末になり、警察庁長官狙撃事件の捜査を担当する東京地方検察庁の検察官から、南千住署特捜本部を介して、中村に関する捜査資料を提供するように指示が入った。担当検察官への中村に関する報告は、平成二〇年八月の差押許

可状の請求の際に了承を得るときにしただけで、その後は途絶えていた。

今回の指示は資料の提供であり、東京地検を訪問して口頭説明する機会をもらったわけではなかったが、それでもきっと検察官は理解してくれると信じ、私は、中村の捜査に関する時系列、供述内容、裏付捜査結果等をファイルに綴じて南千住署特捜本部に託した。必ずこのファイルは、検察官の心を射抜くと念じてのことだった。はたして、そのファイルは、鋭く強靱な矢となって検察官の脳裏と心に突き刺さったのである。

「南千住署特捜本部の動きに変化がある。K巡査長の再捜査を始めている」

「東京地検が中村の捜査に関心を持ち始めている。公安部長や公安第一課長が火消しに奔走している」

時効まで残すところ半年となった平成二一年初秋、どこからともなくこの内密情報が、舞い込んできた。私は訝《いぶか》っていたが、その情報はやはり真実だったのか、一〇月五日、公安部長と公安第一課長が立川市の中村捜査班の拠点に来られ、苦悩の表情で私たちに指示をされた。私はただ事ではない重要な指示と理解し、細大漏らさずメモをとった。

「中村に対する捜査は、立件すれば、逮捕状が発付され起訴にもなる。それに、たとえ公判で否認したとしても有罪判決が出るだろう。中村は、何しろ犯行を自認しているのであり、その部分部分の裏付けも取れ証拠品もある。昭和三一年一一月、警察官の胸に三発、コメカミに止めの一発を撃っていることからして、躊躇なく人間を撃つこともできる。

しかし、私は、動機の部分を含め中村の供述には納得できない点があり、やはりオウム真理教の犯行だろうという心証を持っている。しかし、中村が犯人ではないという証明もできない。だから中村の捜査を進めてもらっている。オウム真理教という確固たる証拠があれば中村の捜査は止めるが、その証拠がない。オウムだろうという心証しかない。いま、みなさん方に立件を目指す捜査をされると非常に困る。しかし、さらに捜査を突き詰めていただきたい」

中村捜査班の面々は一瞬呆気に取られたが、すぐに語気荒く反論した。

「そんな指示があるか。何を言っているんだ」

班長の私はその光景を黙って見ているしかなかった。

公安部長としては、刑事部の捜査員ならともかく、直属の公安部の捜査員から反発されたことがよほどおもしろくなかったのか、隣りに座っていた公安第一課長に、

「あいつはだれだ。俺がこれだけ言っているのに！」と険しい表情で憤懣をぶつける

様子が近くにいた私には見えた。

〝この車はアクセルを踏めば走る。しかし、決して走らせてはならない。それでも、ブレーキをかけたままアクセルを踏み続けていなさい〟

それが公安部長の指示内容である。

このような相反する指示をしなければならない公安部長の心中は察するにあまりあった。中村捜査班の捜査結果に配慮しつつも、警視庁という巨大組織にとって最も妥当な判断を下さなければならない。その苦しい心境が私には痛いほど理解できた。

しかし、これから私たちは、何を目的として捜査を進めていくべきだろうか。愚直に真実追究だけに絞り、時効の日を待つのが指示に沿ったことだろうか。私は、完結することはなくても、中村捜査班発足当時の方針をまっとうすることがベストと結論付けるしかなかった。

このころになると、アフターファイブに警視総監から長官狙撃事件に寄せる熱い思いを伺う機会が何回となくあった。

警視総監は、オウム真理教の犯行であることに確固たる自信を持っておられたが、その一方で、中村の捜査を徹底して進める必要性も説かれていた。

あるとき、警視総監から、

「なぜ、狙撃事件の犯人が捕まらないか分かるかね」

と問われたことがあった。

私は、適当な答えが見付からなかった。答えが出せない私を見て、

「公安部が捜査しているからだよ」

と、総監は確かにそう言われていた。

私は自分の耳を疑った。言われていることの真意が理解できなかった。

しかし、警視総監はその後も、メディアの記者に同様の質問をして、同様の言葉を口にしていることが聞こえてきた。警視総監は、私をからかっていたわけではなかったのだ。

## 巨大組織の「宿命」

重要凶悪事件の捜査を任務とする捜査第一課には、特命捜査対策室という部署がある。ここでは、発生当時に特別捜査本部を設置して重点的に捜査を尽くしたが、残念ながら未解決になった事件の再捜査を担当している。

これに従事する者は、先の見えない捜査を黙々と進める忍耐力と必ず検挙するとい

う粘りのある捜査員が選ばれ、着実に結果に結び付けている。ひとたび未解決事件を解決に導けば、発生当時に担当した元捜査員は、結果を出した現役捜査員の努力を素直にねぎらい、検挙・解決に導いた現役捜査員は、先人の基礎捜査があったからこそ、現代の科学捜査と融合して結果にたどり着いたことを謙虚に受け止める。

ところが、警察庁長官狙撃事件の捜査を担当した公安部では、発生以来、歴代の錚々《そうそう》たる幹部がオウム真理教の犯行と見て捜査を進めてきたのだから、最後までオウム真理教の犯行と見て捜査を尽くさなければならない「宿命」があるという。

検挙至上主義の刑事部で鍛えられてきた私には、この宿命というものがなかなか理解できなかったが、多くの公安部幹部の方々から話を伺ううちに自分なりにその宿命を消化してきていた。

そこで初めて、警視総監のあの言葉、「公安部が捜査しているからだよ」の意味が何となく理解できたように思えた。レールから外れた捜査をしてはならない公安部の宿命が、少し分かったような気がした。

平成二一年一一月下旬になると、立川市の捜査拠点に、中村捜査班と隣り合わせで一〇名程度の公安第一課の捜査員が居座るようになった。

彼らは、南千住署特捜本部に従事する捜査員で、「中村捜査班の捜査は捏造《ねつぞう》・偽造であるから、それを解明しろ」という特命を受けて集結したという。彼らは、パーテーションなどで区切ることもなく、私たちと隣接する事務机を使用して、これまでに私たちが作成した書類を閲覧していた。当然、中村捜査班の捜査員たちとぶつかることになる。私はリーダーとなった公安第一課の捜査員から事情を聞き、できる限り協力することにした。彼らも辛い立場に置かれていることを私は承知していた。

〝好きでやっているわけではない。反対の立場だったらどのように思うか〟

彼らも当然、そんな思いを心の内に秘めていたから、遠慮がちな態度になっていた。それならば、これまで徹底した証拠固めをしてきた私たちの捜査結果を確認してもらい、中村の容疑性がいかに高いかを分かってもらうよい機会になる、と私は捉えた。それだけの自信もあった。

結局、中村捜査の「捏造・偽造解明チーム」は、所期の目的を達成することなく、一二月中には幕引きとなった。

刑事部だろうと公安部だろうと、現場の捜査員は、犯人検挙や事件解決のために愚直に捜査を進めている。そうした南千住署特捜本部の真摯な公安第一課員に、中村捜査班の壊滅を意図する愚行を指示しなければならないほど、公安部幹部は追い詰められているのかと、哀れみさえ覚えた。

## 守り抜いた「同志」

中村は、取り調べ等で、捜査側に解明されていない支援者や関係者をすべて「ハヤシ」と総称して話していた。中村捜査班では、まず、名古屋市内で中村が現金輸送車を襲撃して逮捕された直後、鈴木三郎に中村の逮捕を知らせ、鈴木とともに名古屋市内の出撃拠点や三重県名張市内の中村の住居の後片付けをした人物の解明を急ピッチで進めることにした。このハヤシについては、様々な解明の糸口があったからである。

これがエージェントDである。

まず解明のヒントとなったのは、平成一六年一二月、フランス国内から大阪市内の中村の担当弁護士に「差出人　山本一雄」として届いた絵葉書だった。その絵葉書は、暗に中村の近況を気に掛ける内容だったため、差出人は自ずと中村の支援者と考えられた。

さらに、ハヤシに関する取り調べの中で、中村が、京都府向日《むこう》市に所在するワンルームマンションの一室を示唆《しさ》した言葉が解明の端緒となった。そして、このワンルームマンションに対する捜査から四名のハヤシ候補者を浮上させて掘り下げていった結果、「小川雅弘（仮名）」をハヤシの適格者として認定するに至った。

平成二一年一二月、ハヤシに関して繰り返し質問する私の執拗な取り調べに抗しきれなくなったのか、あるいはすっかり親しみ、〝恋人〟になった私に同情したのか、中村はこう話し出した。

「平成一九年か二〇年ころ、大阪拘置所の第四舎房の独居房にいるとき、配膳担当の受刑者から一枚のメモ紙片を手渡された。そこには京都府向日市にあるマンションの住所が書かれていた。私には見覚えがない住所だったので、急いでノートに書き写してメモは細かく破って捨てた。かつてハヤシには、住所さえ書けば、相手先に誰が住んでいようと手紙は届くことを教えていた。天野守男名義のパスポートを入手するときも、当時住んでいた小平市のアパートにほど近い小平団地の空き部屋を住所地として、戸籍抄本、住民票の写し、運転免許証を偽造してパスポートを申請し、その空き部屋に届いた通知を持ってパスポートを受け取りに行った。ハヤシはこうした地下工作を知っているので、配膳担当者のメモは、『必要があれば支援するから連絡をくれ』という趣旨のハヤシからの伝言と推測した」

平成二二年一月一三日から始めた取り調べで、京都府向日市のワンルームマンションの捜査で浮上させたハヤシ候補者四名の顔写真を混入した一二〇人の男性の写真台帳を作成して中村に提示し、その中から見覚えがある人物がいれば指示するように促した。

私は、九八番目に「小川雅弘」の顔写真を貼付し、ここで中村に何らかの反応があれば、捜査の方向性に間違いがないことを確信できると考えていた。その結果やはり、「小川雅弘」の顔写真を見た中村は、顔面が紅潮し無言状態になった。すかさず私が、「どうした?」と問いかけても動揺して返答できない。すべての写真を見終わって私に写真台帳を返すと、中村はすぐに、「もう一度見せてください」と言って小川の顔写真を凝視して、取調室内をウロウロ歩き出した。

この取り調べに先立ち、小川の戸籍謄本の照会から、小川は大阪市内に居住する男性と養子縁組していたものの、大阪地方裁判所民事部の裁判を経て、この養子縁組を解消していることが分かっていた。そこで、大阪地裁で裁判書類を閲覧したところ、フランス国内から絵葉書が届いたのと同時期、イタリア国内から差出人「沢口雅弘(仮名)」という名前で、裁判書類が送達されてきていることが判明した。裁判書類を送達するには偽名は使わないはずである。

様々な検討をした結果、「沢口雅弘」という名前は養子縁組した後の「小川雅弘」の新しい名前と判断した。つまり、絵葉書の差出人「山本一雄」と大阪地裁に書類を送った「沢口雅弘」は同一人物であり、その本名は「小川雅弘」であることが濃厚となってきた。また、小川の周辺捜査から、小川は、「山本」といった偽名を用いることも分かっていた。

翌一四日の取り調べで私はさらに追及した。

「No.98の写真の男はハヤシか。本当の名前も知っているな」

しばらくは何も答えられずにいた中村が小声で答えた。

「ハヤシかハヤシの配下ということで……」

私は小川雅弘の特技がボートであることを把握していたため質問に変化を持たせ、たたみかけた。

「ハヤシからボートの話は出なかったか」

「ボートの話は出ていた。名張市の住居が警察に捜索されるようになったら、宇陀川↓名張川↓木津川↓淀川と逃げる予定だった」

続いて、平成一四年一一月、名古屋市内で逮捕された中村が、担当弁護士を介して鈴木にFAXで送った暗号による指示文を提示し、その内容を問い質した。

「このFAX紙は、平成一五年七月の鈴木方の捜索で差し押さえたものだ。これを見ると、あなたは、名古屋市で現金輸送車を襲撃して逮捕された後、鈴木に証拠隠滅を依頼しているが、その際、鈴木に対し、弁護士とやり取りするときは、『山本』という偽名は使わないように指示している。なぜだ」

「ハヤシやその周辺人物で、『山本』の名前を使う人物がいたから」

以後、中村は黙秘してしまったが、ハヤシ解明にはもう一歩のところまで来ていると実感した。

二月五日の取り調べで、私は、フランス国内から届いた絵葉書とイタリア国内から届いた封書を複写して中村に提示した。

「この絵葉書と封書を見てどう思うか」

中村は、じっくり二つの複写を見比べて答えた。

「この二つの郵便物は、同一人物が書いて投函したものだ。絵葉書には、私のことを気にかけている内容が暗号で書かれている」

中村の言葉が終わるか終わらないかのうちに、質問を連射した。

「この封書は沢口という人物が郵送してきているが、本名は小川だ。小川のことは知っているな」

「はい」

「小川の下の名前は何というのか知っているな」

中村は、即座に答えた。

「『まさひろ』です。漢字では『雅弘』と書きます。小川まで割り出されるとは、本当に想定外だった」

そして、中村は、「小川雅弘」との関係を語り出した。

「小川雅弘は、ロサンゼルス空港に到着する日本人観光客相手に、タクシーの半額で目的地まで送り、観光ガイドもすることを売り文句として商売をしていた。彼は若くて、しかも日本人なのに、異国で白タクをやるとは、生活力があり、それに好青年だと思っていた。私も、ロスに到着した日は、レンタカーではなく小川の白タクをよく使った。小川と親しくなり話をしていると、元陸上自衛隊員であることが分かった。小川は、『自衛隊の訓練は実戦には役立たない』と批判していた。アメリカ生活は小川より私のほうが長かったので、生活上の様々なことを指導してあげた。私は、当初、小川には『天野守男』と名乗って接触していたが、その後、小平市のアパートに『服部知高』という名前で入居していることを話した。名張市に引っ越した後は、『中村泰（なかむらやすし）』と本名を打ち明け、神戸市に住所だけを異動した後は、『中村泰（なかむらひろし）』としてデビューしたことも話している。

名張市の住居でハヤシと模擬弾を使った拳銃訓練をしたとき、『ハヤシはとても上手かった』と話したが、それは小川のことだ。名古屋市で現金輸送車を襲撃するとき、小川から、『いつまでも戦闘員気取りでいるな』と止められたが、七二歳になっていた私はこのまま朽ち果ててしまうことに焦りがあり実行してしまった。だから、鈴木に私の逮捕を知らせたのは小川ということになる。ロスの貸倉庫や事務代行業者に英語で解約の電話を入れたのも小川ということになる。将来、お互いが捕まるようなことになった場合、お互いを巻き込まないことやお互いの関係を否定することは申し合わせてある」

中村はここまで話すと、「ハヤシの本名は言えないが、報道機関に警察がハヤシにたどり着いたことを公表してやろうかな」と言い出したが、私は取材により捜査が妨害されることを危惧して思い止まらせた。

この取り調べで、中村は、小川雅弘を割り出した中村捜査班に従事する公安第一課員の捜査力に驚愕し、刑事と公安が結束した際の抜群の総合力を思い知らされていた。

警視庁に限らず警察の捜査力は、部門を問わず、真実を愚直に追究する現場の捜査員によって支えられているのである。

私は中村に、「いずれ小川の取り調べをすることになる」と告げた。中村は、「私に関わりたくないと思うなら否定すればよい。誇りに思うならば話せばよい。小川個人の判断に任せる。小川が話したことを私はあえて否定するつもりはない。ただし、私から『ハヤシは小川雅弘です』という回答は差し控えたい。公式に認めるわけにはいかない。同志は売らないという掟《おきて》があるからだ」

と強調したが、小声で、

「私が取り調べで小川くんのことを話してしまったことは小川くんには内緒にしてくださいね」

とつぶやいた。

このとき、小川雅弘は傷害事件でたまたま京都刑務所に服役していた。大阪拘置所で、配膳担当にメモ紙片を託したのは、実は当時大阪拘置所に在監していた小川雅弘だった。しかし、中村は、不覚にもメモに書かれた京都府向日市の住所を取り調べで話してしまった。それが端緒となって、中村捜査班は小川雅弘を割り出すことになり、大阪地裁に届いた封書や弁護士に届いた絵葉書がその決定的な証《あかし》となって、小川と中村を結び付けることになった。

この「小川雅弘」が、エージェントDである。

その後、京都刑務所で中村捜査班の公安第一課員が小川雅弘を取り調べ、中村の供述の裏付けをとった。小川は奈良県内で、表向きレジャー用品の輸入販売をして、何人かの従業員を抱えていたが、裏の仕事は闇に包まれていた。たまたま指示に従わない従業員を殴ってケガをさせたことで警察沙汰になり、中村と同じ大阪拘置所に在監することになった。それをきっかけに、小川は中村に不用意にアプローチしてしまい、墓穴を掘ることになった。

小川は、取り調べに対し、とにかく饒舌で、中村とは長い付き合いであること、自身もアメリカに滞在し四インチ銃身の３５７マグナム仕様のパイソンを所持していたこと、フランスから絵葉書を送ったことを認め、警察庁長官狙撃事件のあった荒川区内についても詳しく知っていたが、荒川区に滞在していた時期は平成一五年ころと弁解し、事件が発生した平成七年当時のことについては話そうとしなかった。

しかし、中村の取り調べ内容を含めて検討すると、この小川雅弘が、警察庁長官狙撃事件の支援者「ハヤシ」の適格者になり得る可能性があった。それを完全に特定するには、小川に対する継続した取り調べと周辺捜査が必要だったが、公訴時効は切迫していた。

急ぎ小川雅弘の渡航歴を調べると、小川は平成五年六月を皮切りにサンフランシスコへ渡航し、以後、米国へ多数回渡航していたが、ロサンゼルスへの渡航は平成七年一月からだった。この小川の渡航歴と中村の渡航歴を照合すると、二人が米国で同時期に滞在していた時期は、平成五年七月から始まる。しかし、小川はサンフランシスコ、中村はロスと入出国地が異なる。中村は平成六年一一月から平成七年五月の間は海外渡航を控えていたため、二人がロスで接点を持てるとしたら、早くても二人が同時にロスに滞在した平成七年一〇月からとなる。やはり、小川は狙撃事件の支援者ハヤシにはなり得ないのか。

エンドロールが流れる中、これ以上の捜査は必要ないと指示が出た。それでも中村捜査班は、時効の瞬間まで粘って、ハヤシの特定作業を進めていた。

## 公訴時効と公安部長の会見

平成二二年の年明け、中村捜査班は、共犯者ハヤシの割り出しに全力を傾注していた。二ヵ月後には公訴時効が到来してしまうため、捜査は急を要した。

年明け早々、警視総監が交代となった。オウム真理教犯行説を熱く語っていた警視総監が、このイレギュラーな時期に退官となることに、何がしかの事情があったようにも感じたが、私たちは時効の日までやるべき捜査をまっとうすることにした。決して、捜査の手を緩めることはなかった。

私も京都刑務所に赴き、短時間ではあったが小川と対面して、ハヤシになり得るか、感触をつかもうとした。しかし、狙撃事件の支援者になり得るハヤシに手が届くところに来ていながら、明確に特定できないまま、平成二二年三月三〇日午前零時の公訴時効を迎えることになった。

公訴時効を迎えたことで、その日午前中、公安部長が記者会見を開いていることは認識していたが、どのような発表があり、どのような問答が記者との間であったのかは知る由もなかった。午後一時過ぎ、私は、前日の三月二九日までの捜査結果を報告するため、公安部参事官室を訪ねていた。資料に基づきながら報告を終えて退席しようとすると、公安部参事官が立ち上がり、

「すみませんでした」

と言って深々と頭を下げた。

その姿がとても印象的だった。

私は、公安部参事官の姿にやや違和感を覚えながら、立川市の中村捜査班の拠点に

戻った。午後四時近くになり、公安部長が私たちの捜査拠点に突然現れた。会見後で何かと多忙な公安部長が、わざわざ立川まで足を運んでくれたことに、この上ない気配りを感じ取り、その訓授に聞き入った。

「みなさんの捜査には感謝している。今日の会見で捜査概要をオープンにした。すでに私の手を離れてしまった。会見内容は警視庁としての判断である。判断するということは責任を伴うものである。中村が犯人ならば、まだ秋まで時効ではないが、警視庁として判断した。みんなの気持ちはよく分かっている」

公安部長は、顔に脂汗を滲《にじ》ませ、疲労困憊した表情で話されると、早々に立川を発った。

その後、私たちは公安部長の記者会見内容を知ることになる。

「警察庁長官狙撃事件は、教祖たる松本智津夫の意思の下、オウム真理教団信者のグループにより敢行された計画的、組織的なテロであったと認めた」

私は、会見内容を見て驚愕した。

あの人格・識見に優れた公安部長が、ご自身の意思で会見された内容なのだろうか。話さざるを得ない状態に追い込まれてしまったのだろうか。事後、問題が生じかねない内容であることは、捜査に携わる者であれば誰が見ても分かる。それを、あの公安部長が堂々と話されたのだろうか。

公開された「警察庁長官狙撃事件の捜査結果概要」の内容が、にわかに信じがたかった。しかも、中村泰の捜査に関してはいっさい触れていない。

案の定、オウム真理教団の後継団体アレフは、名誉を傷付けられたとして、東京都と警視総監を相手取り、損害賠償等を求めて提訴した。続いて、日本弁護士連合会は、アレフの人権救済申立てに基づき、警視庁に対し発表内容の撤回等を求めた。結果として、平成二五年一月一五日、東京地裁は、

「警視庁公安部の行為は推定無罪の原則に反し、我が国の刑事司法制度の基本原則を根底からゆるがす」

として名誉毀損の成立を認め、アレフへの一〇〇万円の賠償と謝罪文交付を東京都に命じた。東京都はこれを不服として控訴したが、東京高裁は、同年一一月二七日、捜査結果の公表については一定の理解を示したものの、オウム真理教団を犯人と断定したことは警察権限の乱用と認め、賠償命令を維持した。ただ、謝罪文交付については取り消したため、アレフは東京高裁判決を不服として上告したが、平成二六年四月一七日、最高裁は上告を棄却した。結局、東京都がアレフへ一〇〇万円の損害賠償金を支払う判決が確定することになった。

中村には、平成七年三月三〇日の事件発生以降、海外渡航をしている期間があった。刑事訴訟法第二五五条第一項は、「犯人が国外にいる期間は時効が停止する」としている。最高裁も、「犯人が国外にいる間は、それが一時的な海外渡航による場合であっても、公訴時効はその進行を停止する」と判示し、一〇日程度の海外旅行でも時効は停止するとしている。

すると、中村自身はいまだ公訴時効を迎えていない。今後も捜査は可能である。それならば、捜査を継続すべきではないかという考えが当然浮かぶ。平成二二年二月には、中村が同志と呼ぶ「ハヤシ」の一人をついに割り出し、これからその取り巻きの存在と、その役割を浮き彫りにしていかなければならなかった。中村捜査班の士気は最高潮になっていたが、警視庁が長官狙撃事件の捜査終結を公表した以上、捜査継続の願いは叶わなかった。

平成二二年四月五日、南千住署特別捜査本部の捜査員に警視総監賞が授与された。

刑事部では、未解決のまま時効を迎えた捜査に警視総監賞が授与されることは、まず考えられないが、南千住署特捜本部の大多数の捜査員が、長年の捜査の功労を讃えられ授与されたようだった。

その夜、南千住署では打ち上げが挙行されていたが、中村捜査班は、別の場所で細々と解散の席を設けていた。中村の捜査に熱意を燃やし、再捜査を推し進めた元捜査第一課長だけが寸志を携えて参加してくれていた。私は、捜査第一課と公安第一課の各捜査員にこれまでの労苦を深謝しながらも、検挙という結果につなげられなかった力のなさを詫びた。

## あと一年早かったら

公訴時効を迎え、中村捜査班に従事した捜査員たちも、本来の部署に戻り業務を再開していた。

この年四月二七日、改正刑事訴訟法が国会で可決成立して、即日公布・施行された。これにより、強盗殺人や殺人等の最高刑が死刑に当たる罪種について公訴時効が廃止された。こうした背景もあり、私は、これまで中村の捜査と兼任していた八王子署内の「大和田町スーパー事務所内拳銃使用強盗殺人事件特別捜査本部」に専念することになった。

中村泰は、この八王子署の強盗殺人事件の容疑者として、平成一五年当時にメディアの脚光を浴びたが、捜査の結果、容疑性なしとして捜査対象者から外していた。中村以上に犯人につながる濃厚な情報が幾つもあったからでもある。

前年の平成二一年九月、私は中国の大連市看守所（刑務所）において、中国公安当局による日本人死刑囚の取り調べに立ち会った。この死刑囚が、八王子署特捜本部事件について有力情報を持っていたからだ。そこで得た情報や別ルートから得た情報を合わせ、カナダに潜伏中の中国人男性をこの事件の捜査対象者として割り出し、日本への身柄引き渡しを実現させるため、多忙な日々を送っていた。

こうした中、中村の周辺に新たな動きがあった。

まず、警察庁刑事局捜査第一課から、「中村泰に関する捜査資料を提供されたい」という指示がきた。私は、刑事部長の了承を得て、平成二二年四月二一日、関係資料を警察庁に提供した。

続いて、四月三〇日、事件現場となったアクロシティにおいて、警察庁刑事局の幹部に中村の供述内容を説明し、犯行状況を再現した。この警察庁からの指示が何を意味するかは分からなかったが、警察庁としても、このまま時効にして良いものか、決めあぐねていたと見うけられた。

次に、平成二二年一〇月一日、私とは一面識もない弁護士が、東京地方検察庁特別捜査部に警察庁長官狙撃事件の被疑者として中村泰を告発したのである。私は、この情報を司法担当の記者から聞くことになった。

中村は、事件発生日以降、海外渡航している期間を考慮すると、公訴時効を迎えるのは平成二二年一〇月二七日となる。時効まで残すところ一ヵ月弱である。それでも、告発状を提出した弁護士の心意気に感動し、敬服の念を抱いた。しかも地検特捜部は、警視庁が公表した内容には捉われず、独自の判断で捜査を進めているという。

あとで分かったことだが、一〇月一二日から一四日にかけて、特捜部の検察官が岐阜刑務所で中村を取り調べ、検察官調書も作成していた。いずれ私も特捜部に呼び出されると予想していたところ、案の定、呼び出しがきた。

一〇月一八日午前一〇時、私は東京地方検察庁特別捜査部の一室にいた。やや緊張している私に主任検察官が言う。

「長年、中村泰の捜査をしてきて、あなたは、中村が警察庁長官狙撃事件の犯人だと思いますか」

私は、〝どうせ検察官も、中村は犯人ではないと言うのだろう。それならば、少しは控えめに答えよう〟という考えが脳裏をかすめ、「狙撃事件の一員だとは思うのですが……」と言葉を濁した。すると、検察官が口を開いた。

「特捜部の見解では、中村は狙撃を実行した犯人です。取り調べをして、犯人ではなかったら、あれだけ詳細に、それも具体的に犯行状況は話せない」

　私には、検察官の言葉が意外だった。これまで、「中村は犯人ではない。犯人になりたがっているだけだ。事件はオウム真理教の犯行だ」などと、散々言われ続けて、自信さえ失いかけていた。それなのに、中村捜査班の捜査結果を理解してくれる人たちがいた。それも、東京地検特捜部に。私は、これまでやってきた捜査が間違いでなかったことに喜びを感じていた。

　主任検察官は続けた。

「でも、起訴するには時間がない。我々が、あと一年早く、中村のことを知っていたら、事態は大きく変わっていた。残念だが、嫌疑不十分として不起訴にするしかない。そのための記者発表もしなければならない。記者発表の席では、中村は犯人ではない、まったく違うというように、あえて厳しい発表をするが、そのことは分かってほしい」

　検察官が私を呼び出した本当の理由は、中村捜査班に対する気遣いとねぎらいと理解した。検察官が言わんとすることは、

「みなさんが捜査を尽くした中村は狙撃事件の実行犯だったが、起訴するために証拠を見直している時間がない。嫌疑不十分で不起訴として、厳しい記者発表をするが、

それを理解していただきたい。これまでの捜査を評価する」

ということだと解釈した。

結局、一〇月二五日夕刻、「本日付で、中村泰については、嫌疑不十分で不起訴とした」旨の東京地検特捜部長による記者発表があった。

中村を告発した弁護士は不起訴処分を不服として、一〇月二六日付で、東京第六検察審査会に対し審査申立書を提出し受理された。最後の意地である。

しかし、もちろん、起訴されることはなかった。

# 第七章● 刑事と公安

警察庁特別手配犯として指名手配された平田信（左）と高橋克也

## 大晦日に上京した男

平成二三年一二月三一日の大晦日、年明け早々着手する事件の最終調整に入っていた私は、紅白歌合戦も終盤に入っていたころの帰宅となった。家族がテレビに見入る姿を尻目に疲れた体をひきずって自室に入ると、しばし横になった。気が付くとテレビ画面は、「ゆく年くる年」に替わり、チャンネルを替えると、「ハッピー・ニューイヤー二〇一二」のテロップが流れていた。すると、間もなく枕元の携帯電話が鳴った。着信電話番号は捜査第一課の宿直室である。嫌な予感がした。

「はいはい。何かあったか」

「平田が出頭しているから出勤してください」

「どこの平田さんだよ」

「オウムの平田ですよ」

「えーっ！」

〝正月早々、本当に勘弁してくれよ〟と愚痴を言いながら準備を整えていると、再び携帯が鳴った。今度は捜査第一課長からの着信である。すると、「本物の平田だから早く来い」と檄が飛んだ。これが捜査第一課員の宿命と、覚悟を決めるしかなかった。

私はこのころ、捜査第一課長のすぐ下の理事官というポストにいた。通常であれば、運転担当者に捜査車両を持って来させるところだったが、年末年始で帰省させていたため、私は近くの警察施設に駐車していた自分の捜査車両を取りに走り、赤色灯をつけサイレンを鳴らして、霞が関の警視庁本部へ急いだ。〝またオウム真理教かよ〟と、切っても切れない因縁を感じていた。

平田とは、オウム真理教の出家信者「平田信《まこと》」のことで、菊地直子、高橋克也と共に警察庁特別手配犯として指名手配されていた。

このころ、警視庁本部庁舎内では刑事部長と公安部長が協議していた。

平田は、公安部が担当した事件と刑事部が担当した事件で手配されていたからだ。その事件とは、公安部が担当した荻窪署管内発生の宗教学者宅に対する爆弾事件と赤坂署管内発生のオウム真理教東京総本部に対する火炎瓶投擲《とうてき》事件、それに刑事部が担当した大崎署管内発生の目黒公証役場事務長逮捕監禁致死事件だった。はたして、どちらから先に手を付けるか。

平成二四年元日未明の協議の結果、刑事部が先に着手することでまとまった。この協議結果を受け、一月一日未明、平田信（当時四六歳）を出頭先の丸の内署で逮捕監禁致死事件の被疑者として逮捕し、私が乗って来た捜査車両の後部座席に平田を乗せて大崎署に連行した。

平成二四年元日、大崎署に刑事部と公安部からなる特別捜査本部が再設置された。

この事件は、平成七年二月二八日、品川区上大崎の路上で、帰宅途中の目黒公証役場事務長だった假谷《かりや》清志さん（当時六八歳）が、オウム真理教信者らによりワゴン車内に押し込まれて拉致された上、麻酔薬を注射されて意識混濁《こんだく》の状態にされ、途中の芦花《ろか》公園付近で別の車に乗せ換えられるなどして山梨県上九一色村の教団施設に連れ込まれ、さらに自白作用のある麻酔薬を大量投与されたため、気管閉塞等で死亡した事件である。

拉致の目的は、オウム真理教の在家信者だった假谷さんの妹を出家させる予定でいたところ、逃げ出したことから、実兄ならば妹の居場所を知っていると見て追及するためだった。

平田の出頭状況は、おおむね次のとおりである。

平成二三年一二月三一日夕刻、平田は潜伏先の東大阪市内のマンションから自転車で地下鉄御堂筋線本町駅まで来ると、この駅から地下鉄で新大阪駅に向かった。平田は、新大阪駅発のぞみ二五〇号に乗車して品川駅に到着すると、山手線に乗り換えて大崎駅で下車した。慣れない道ながら、平田は徒歩で大崎署まで来たが、この日、大崎署は管内で発生した事案に追われ、警察署前で警戒に就く署員がいなかった。さらに、大崎署は建て替えたばかりのハイテク・ポリスステーションで、玄関口が分かりづらく、見付けることができなかった。そのため、平田は、仕方なく公衆電話から一一〇番通報した。午後一〇時前のことである。このとき、平田は、一一〇番通報を受理した通信指令本部の担当者とのやり取りから、自分は大崎署からの指名手配ではなく、警視庁からの指名手配と判断し、警視庁に向かうことを決めた。

平田は大崎駅から再び山手線に乗車し、恵比寿駅で下車したが、警視庁のある霞ヶ関駅に行くための日比谷線の乗り換え口が分かりづらく、また、恵比寿の地がなつかしかったのか、しばらく周辺を歩いてから日比谷線に乗り、ようやく霞ヶ関駅に到着した。改札を出たときには、午後一一時を過ぎていた。

霞ヶ関駅構内から地上に出た平田は、警視庁のある桜田門方向ではなく、反対の虎ノ門方向へ向かうが、途中で間違いに気付いて引き返し、法務省前から桜田通りを渡って警視庁本部正面入口に到着した。ここで警戒していた機動隊員に特別手配犯であることや出頭して来たことを告げるが、信じてもらえずに丸の内署に行くように指示された。平田はやむなく丸の内署を目指し、間もなく平成二四年の新年を迎えようとしていた午後一一時五〇分ころ、丸の内署に到着し、警察署の玄関で警戒に就いていた女性警察官に出頭を告げた。そして、署内に案内され、捜査第一課の宿直室に連絡が入ったという流れである。

平田は出頭した理由について、

「警察庁長官狙撃事件の犯人として疑われていたので、出頭したら犯人にされて誤認逮捕されるおそれがあったが、平成二二年三月三〇日で時効になったので逮捕されることがなくなった。昨年（平成二三年）八月、飼っていたウサギが死んだことや東日本大震災で被災した人たちを見て自分の立場を考え、このまま逃げ隠れせずに事件の責任をとることを決意し出頭した」

などと話し、

「一七年間の逃亡生活を話すと迷惑がかかる人がいるので話せない」

と付け加えた。

ところが、一月一〇日午前三時ころ、平田をかくまっていた女性Ａ（当時四九歳）が弁護士とともに大崎署に出頭した。

Ａは、平田をかくまって一緒に生活していたことを素直に認め、その裏付けも取れたことから、犯人蔵匿被疑者として逮捕し、その夜には、東大阪市の二人の部屋等の捜索差押え、検証を実施した。

平田とAは、平成七年、警察の一斉捜索が始まるころ東北方面へ逃げ、各地を転々とした後、Aは仙台市内の寮付き料亭に仲居として入った。

平成八年二月、Aは友人に会うため上京した際、警察の尾行に気付き、これを振り切って帰宅すると、平田と共に夜行バスで関西方面へ逃走した。その後Aは、大阪市北区の喫茶店でウエイトレスとして働き、この喫茶店が斡旋《あっせん》してくれたアパートで二人は生活していた。この喫茶店でも、オウム真理教のことが話題になったことや写真週刊誌にAの写真が掲載されたことから発覚を恐れ、二人は夜逃げした。

その後、Aは東大阪市の整骨院で働くことになり、社員寮のマンションに二人で入った。出頭までの間、平田はほとんど外出せずにいたが、その一方で、Aは社員旅行にも宴席にも参加していた。

一月三一日、公安部が担当する二つの事件で平田を再逮捕した。

二つの事件とは、平成七年三月一九日夜、オウム真理教を擁護する宗教学者が住む杉並区内のマンション玄関に爆弾を設置して爆破させた事件と、その足で港区内のオウム真理教東京総本部に火炎瓶を投擲した自作自演の事件である。目的は、警察捜査を攪乱《かくらん》することであり、翌二〇日、地下鉄サリン事件が発生した。

※平田は、平成二六年三月七日、東京地裁で懲役九年の判決を言い渡された後、平成二七年三月四日、東京高裁も一審判決を支持し控訴を棄却。弁護側は上告したが、平成二八年一月一三日付で、最高裁第三小法廷は上告を棄却し懲役九年が確定。

## 相模原で暮らす女

平田とAに対する捜査は、平成二四年三月末までに終了したが、警察庁は、「この機に残る特別手配犯の高橋克也と菊地直子も逮捕せよ！」と全国警察に指示した。警視庁ではその指示を受け、刑事部と公安部からなる警察庁特別手配犯追跡捜査本部を再編成することになった。国民の関心が高まったこの機会に、残りの特別手配犯二人も逮捕しようというのである。

そうした中、六月三日午前、警視庁本部に相談に訪れた男性がいた。この日は日曜日で、霞が関界隈は閑散としており、警視庁内も宿直体制となっていた。男性が受付係員に申し出た。

「相模原市内に、オウム真理教の菊地直子らしき女性が住んでいます」

刑事部・公安部の宿直勤務員に緊張が走った。

当然ながら、私もすぐに呼び出され、警視庁本部に向かった。

昼過ぎには、捜査第一課、捜査共助課、公安第一課の捜査員たちが、相模原市緑区内の潜伏先家屋周辺に到着し張り付いた。屋内にはだれもいない、留守である。捜査員たちは周囲に同化して身を隠し、家人の帰宅を待った。午後八時、両手にコンビニ袋を持った女性が帰宅し、電灯が点いた。ただちに女性警察官二名が訪問した。

「この辺に、オウム真理教の菊地直子に似た人がいると聞いて来ました」

菊地は、抵抗することなく応対したが、同棲する男性に連絡を取りたいとせがんだ。

「一緒に住んでいる人に電話をかけさせてください」

女性警察官は、菊地の申し出をさえぎった。すると、菊地が答えた。

「私が、みなさんが捜している菊地直子です」

捜査車両に菊地を乗車させ、警視庁本部へ任意同行することになった。途中、菊地だからこそ知り得る親族や学生時代の質問をすると、迷わずに答えるという報告が入ってきた。私は、菊地本人に間違いないという心証を得ていたが、指紋照合を経て、午後一〇時過ぎ、菊地直子（当時四〇歳、以下同）を地下鉄サリン事件の被疑者として逮捕した。

この日、菊地と同棲していた男性H（四一歳）は、前妻と長男を連れて、朝から静岡県内のテーマパークに車で出かけていた。楽しい休日を過ごし、前妻と長男を自宅に送った後、カーラジオで菊地の逮捕を知り、長女夫婦に車を預けて神奈川県大和警察署に出頭した。ただちに捜査共助課員がHの身柄を引き取り、東京へ向かう車内でもう一人の特別手配犯高橋克也の居場所を聞き取ると、築地署にHを引き継ぐやいなや、高橋の住居があった川崎市方面へ飛んだ。しかし、残念ながら、高橋の足跡は途切れてしまった。

翌四日、今度は築地署に、刑事部と公安部からなる特別捜査本部が再設置されることになった。

この菊地の逮捕と並行して、捜査第一課の大部屋では、私以下数名が、菊地と同棲していたHに対する犯人蔵匿罪の逮捕状と、菊地とHが同棲していた相模原市内の住居に対する捜索差押許可状と検証許可状の請求準備を急ピッチで進めていた。こうした令状請求の実務は、多くの現場を経験してきた捜査員だからこそ、正確に事件内容や適用条文を判断し、請求に必要な疎明資料を次々と整えていくことができる。いわば職人芸である。そうした実務に長けた捜査員こそ、本来の捜査第一課員と、私は常々考えている。平田をかくまっていたAが出頭した際は、逮捕までに一二時間以上を要したが、このHの逮捕状と、それに加え捜索差押許可状と検証許可状は、夜が明けるまでには裁判官から発付を得ていた。これによってHを犯人蔵匿被疑者として逮捕するとともに、相模原市緑区内の二人の住居に対し捜索差押えと検証に着手した。

続いて六月二四日、大阪市内、東京都中野区、港区内で発生したVXガスを使用した殺人・殺人未遂事件で菊地を再逮捕した。しかし、菊地は、サリンやVXガスの生成に関わっていたが、指示されることをやっていただけで、何を作り、出来上がった物を何に使うかも分からない状態だったため、この二つの事件では、いずれも不起訴となった。

さらには、七月一五日、東京都庁内郵便物爆破殺人未遂事件で菊地を再逮捕した。この事件の経過は次のとおりである。

平成七年五月一〇日、八王子市中野上町のオウム真理教のアジトで製造した爆弾を、翌一一日、新宿区内から信者が投函し、翌々日の一二日、渋谷区松濤の青島幸男東京都知事公館に届いたが、開封することなく、女性秘書が都庁内の秘書室に運び込み、一六日夜、男性秘書が開封して爆発し、重傷を負った。たまたま教祖の麻原彰晃が逮捕された日の夜だった。

　菊地は、山梨県上九一色村の教団施設から八王子市の爆弾製造アジトに爆薬の原料となる薬品を運び込んでいたことで、殺人未遂、爆発物取締罰則違反の各幇助《ほうじょ》として起訴された。

※菊地は、平成二六年六月三〇日、東京地裁で懲役五年の判決を言い渡されたが、平成二七年一一月二七日、東京高裁は無罪を言い渡し釈放。検察側は上告したが、平成二九年一二月二五日付で、最高裁第一小法廷は上告を棄却し無罪が確定。

## 蒲田を彷徨《さまよ》う男

　六月三日、菊地を逮捕した後、残る高橋克也の追跡には、不眠不休の大捜査網が敷かれることになった。結果的に、六月一五日、蒲田署管内で高橋を発見して逮捕することになるが、私はこの追跡捜査の過労とストレスから、不覚にもバセドー病を発症させてしまった。それでもフジテレビの報道番組に出演して、夜叉《やしゃ》の如く、高橋へ出頭を呼びかけた。

「高橋克也！

きみとともに修行していた仲間たちは、皆、きみの出頭を願っている。

いま、全国民がきみを捜している。

もう逃げることはできない。

潔く出てこい」

平成七年三月、警察の一斉捜索が始まって間もなく、菊地は、八王子市、市川市、名古屋市のアジトを転々とした後、同年一〇月から埼玉県所沢市のアジトに移り、高橋克也らと合流して潜伏していた。

ところが、警察の捜索を受けて、平成八年一一月、高橋と菊地は一緒に逃亡し、横浜市内、川崎市内を転々とするうちに、実在する人物になりすまして生活することを決め、二人は都内及びその近郊の区役所等で盗み見たデータを基に、菊地は「櫻井千鶴子」、高橋は「櫻井信哉」になりすました。高橋は、これを基に、同年一二月、川崎市内の工事会社に溶接工として就職し、菊地と夫婦を偽り同社の寮に住み込んだ。

その後の平成一三年七月、二人は川崎市内の賃貸マンションに引っ越し、平成一六年四月、高橋は逮捕時に勤務していた川崎市内の別の工事会社に転職した。

一方、菊地は、平成九年一月、人材派遣会社に登録し、品川区、川崎市、横浜市内

の倉庫で働いていた。ところが菊地は、勤務先で知り合った男性Hと恋仲となり、人材派遣会社を退社して、平成一九年三月から、このHと町田市内のアパートで同棲するようになった。やがて、菊地は介護会社で経理を担当するようになり、平成二二年暮れには、相模原市内に引っ越して、介護ヘルパーとして働いていた。

菊地に出て行かれて一人になった高橋は、平成二三年一〇月、勤務先の独身寮に移っていた。菊地が逮捕された六月三日、高橋は港区台場で夜勤に就いていた。休憩時間に同僚から菊地の逮捕を聞き、夜勤明け、コンビニで新聞を買って菊地の逮捕を確認すると、信用金庫口座を解約して多額の現金を手にしたのち、大型のキャリーバッグを購入した。その後、会社には、「兄が危篤なので休ませてほしい」と申し出て逃走を始めた。

メディアが迅速かつ大々的に報道してくれたおかげで、高橋が遠方へ逃走することは困難と見られた。そこで、神奈川県内の川崎、鶴見、東京都内の蒲田、大森等、JR京浜東北線沿線に重点を絞ったローラー作戦を展開した。特に、漫画喫茶、コンビニ、ファミリーレストラン内の防犯カメラや街頭防犯カメラから逃走する高橋の画像を多数入手することができ、時々刻々と高橋の行動の詳細を把握し、包囲網が縮まっていった。ただ、逃走開始時に所持していた大型のキャリーバッグだけは、どの画像にも現れなかった。自ずと〝どこかに保管している〟という推測が立った。

刻一刻と高橋を追い詰めている中、大森署管内に住む男性から、「蒲田の漫画喫茶に高橋克也に似た男が入った」との情報が大森署を介して蒲田署にもたらされたのは、六月一五日朝のことだった。

早速、情報確認のため、盗犯係長と刑事見習いとして蒲田署で勉強中の大崎署員が、その漫画喫茶に向かった。情報は正しかった。刑事の姿を見て高橋は退店しようとした。その姿に気付いた店員の機転により高橋克也は確保された。

ちょうどこのとき、築地署特捜本部では、朝の捜査会議が終わったところだった。すると、捜査共助課員がそっと私に耳打ちした。

「蒲田署に高橋克也が来ているようです」

高橋克也の追跡捜査が始まって以来、私は片時も離さず高橋の逮捕状を携帯していた。私は、周りの捜査員に気付かれないように捜査車両に乗ると蒲田署に急いだ。途中、鑑識課長から指紋鑑定官を蒲田署に向かわせた旨の連絡が入った。実は、前夜からこの日未明まで、神奈川県警察と合同で川崎市内のマンスリーマンションの捜索をしていたが、そのときも指紋鑑定官には待機してもらっていた。疲れをおして素早く対応してくれた鑑識課と指紋鑑定官に心から感謝した。

蒲田署に到着して取調室にいる男を見て、私は高橋克也本人と確信した。その男は、連日の追跡捜査で、捜査員たちが回収した高橋克也のビデオ画像の風体そのものだったからである。

私は、指紋照合の結果を待って、再度取調室内に入り、高橋と対峙していた捜査共助課係長に逮捕状を手渡し、高橋に被疑事実を読み聞かせるように指示した。係長が読み終えたところで、私は高橋に、

「いま、読み上げた内容は、きみを地下鉄サリン事件の被疑者として逮捕するという意味だからな。分かったな」

と念を押した。高橋は「はい」と言って頷き、やや安堵したように見えた。六月一五日午前一一時過ぎ、地下鉄サリン事件の被疑者として高橋克也（当時五四歳）を逮捕した。

このころになると、蒲田署の周りは報道関係者でごった返しており、この喧騒の中、蒲田署から警視庁本部まで高橋を連行しなければならなかった。打開策として、捜査車両に乗車させるまでの間、高橋を報道陣に撮影させ、警視庁本部に向かうことになった。

このとき私は、逮捕時に高橋が大型のキャリーバッグを持っていなかったことが気

になっていた。

当初は「捨てた」などと話していたが、警視庁の取調室で諭していくと、京浜東北線「鶴見駅」西口のロッカーに預け入れていることを自供し、その際に発行されたレシートも所持品の中にあった。早速、捜査第一課の大部屋にいた捜査員を集めて捜索差押許可状の請求準備を進め、午後には発付を得た。ちょうどこのとき、私は、捜査第一課長による高橋克也の逮捕会見に立ち会っていた。すると、会見に出席している記者たちの背後から、捜査第一課の担当管理官が手を挙げて、「ロッカーに対する捜索差押許可状が発付された」旨の合図をしてきた。

私は、記者たちには気付かれないように、右手の人差し指を上下させて、ゴーサインを出した。

夕方、報道関係者にもみくちゃにされながら、捜査第一課科学捜査係の捜査員たちがロッカー内を捜索して、キャリーバッグを差し押さえている姿がテレビ画面に流れていた。なぜ、気付いたのか……。記者たちの嗅覚《きゅうかく》は侮れないと実感させられた一件だ。

その後、七月九日、東京都庁内郵便物爆破殺人未遂事件で高橋を再逮捕し、八月一〇日には、大阪市内におけるＶＸ使用殺人事件と東京都の中野区と港区内における二件のＶＸ使用殺人未遂事件で再逮捕し、九月二日には、目黒公証役場事務長逮捕監禁致死事件で再逮捕した。

高橋は中野区内におけるＶＸ使用殺人未遂事件では起訴されなかったものの、その他いずれの事件でも起訴された。

※高橋は、平成二七年四月三〇日、東京地裁で無期懲役の判決を言い渡された後、平成二八年九月七日、東京高裁も一審判決を支持し控訴を棄却。弁護側が上告したが、平成三〇年一月一八日付で、最高裁第二小法廷は上告を棄却し無期懲役が確定。

## 一〇〇〇通の裏付書類

平成二四年は、オウム真理教の特別手配犯とその周辺人物を次々と逮捕し、一気にオウム真理教関連事件を終結させた。

大崎署と築地署の特別捜査本部では、刑事部、公安部、そして関係警察署等が一致団結して捜査をまっとうした。刑事部では、殺人犯捜査を担当する「捜査第一課」、指名手配犯の追跡捜査を担当する「捜査共助課」、ビデオ解析等を担当する「捜査支援分析センター」、公安部では、オウム真理教を担当する「公安総務課」、公安捜査全般を担当する「公安第一課」などである。そこでは、部門間の垣根はなく、フラットな態勢で捜査が推進できた。それぞれが持つノウハウを発揮し、不得手な部分はお互いに補い合った。

以前、南千住署で警察庁長官狙撃事件特別捜査本部に従事した公安部の捜査員たちも、このオウム真理教特別手配犯の特別捜査本部では、何のわだかまりもなく私と接していた。これが本来の特別捜査本部の姿ではないのか。

それに引き換え、警察庁長官狙撃事件の捜査では、なぜ、これができなかったのであろうか。オウム真理教以外の捜査は、なぜ、否定されなければならなかったのか。

私は、これまで従事したどの殺人事件の捜査でも、裁判を見据えた取り調べや証拠収集に気を配ってきたが、中村泰の捜査では、通常の殺人事件の捜査とは比べものにならないほど慎重な証拠固めに配慮した。それは、「オウム真理教以外は犯人にあらず」という確固たる方針の下、捜査を進める南千住署特捜本部に対する中村捜査班の意地でもあった。

一連のオウム真理教特別手配犯を検挙した後、警察庁長官狙撃事件の捜査に携わった元公安部幹部から、

「平田を自供させられなかったのか」

と迫られたことがあった。言われている意味が分からないでいると、

「平田に、『私が警察庁長官を狙撃しました』と自供させられなかったのかと聞いているんだ」

と念押しされた。

私は、開いた口が塞がらなかった。

〝この方は、いまだにオウム真理教を犯人とする宿命を背負っている〟

警察庁長官狙撃事件は、そのくらい異質で別格なものだった。

この平成二四年の捜査の過程で、かつてはオウム真理教団の正大師を務め、現在は、ひかりの輪の代表を務めている上祐史浩氏から話を聞く機会が幾度となくあり、警察庁長官狙撃事件についても意見を聞いてみた。

上祐氏は笑みを浮かべながら、

「麻原に警察庁長官を撃ったのもオウムなのか問い質したことがあったが、麻原は、『あれはオウムじゃないからね』という言い方で明確に否定していた。坂本弁護士一家の殺害、松本サリン、地下鉄サリン等の一連の事件はオウムがやったと言っていたが、警察庁長官狙撃事件だけは違うとはっきり言った」

と話していた。

警察庁長官が狙撃された当時の社会情勢を考慮すれば、誰もが真っ先にオウム真理教の犯行と考えるだろう。そして、重点的にオウム真理教に対する捜査を進めていくことになる。すなわち、徹底した初動捜査に始まり、鑑識活動、聞き込み等の地取り捜査、怨恨関係等の鑑捜査、証拠品分析等の基本的な捜査を進めながらも、オウム真理教に重点を置いた捜査をすることになる。

私は、オウム真理教団という限られた範囲内に狙撃事件を計画し実行した者がいるとした場合、警視庁公安部の捜査力をもってすれば、他のオウム関連事件と同様、早期に犯行グループを特定すると予測していた。しかし、狙撃事件ではそうならなかった。だからこそ、「この事件はオウム真理教の犯行ではないかもしれない。オウム真理教だけにとらわれずに、それ以外の捜査もすべきではないか」といった選択肢が現れて然るべきである。いや、そうした意見は公安部内にも多くあった。

しかし、この事件を指揮した公安部幹部はオウム真理教に固執して、それ以外の意見は徹底して排除した。どうしてもオウム真理教の犯行でなければならなかった。それは、平成一六年七月七日にオウム真理教関係者四名を逮捕したからなのであろうか。それとも、歴代の公安部幹部がオウム真理教の犯行と見て捜査を進めてきたからなのであろうか。

中村の取り調べをしている時期、公安部幹部から、

「中村とオウム真理教の繋がりは出せないか。たとえば、教祖の麻原彰晃から警察庁長官の暗殺を依頼されたとか……。麻原ではなくとも、幹部信者から暗殺を示唆されたとか……。それが出ればすぐに中村を逮捕するんだけどな」

と言われたことがあった。

しかし、オウム真理教の言う救済（殺害・ポア）とは、オウム真理教徒が実行してこそ教義に沿うものであり、信者でもない第三者に救済を依頼することは、オウム真理教の教義に反するのではないかという疑問が生じる。それでも私は、その歪んだ指示を取り調べで中村に投げかけてみた。

「麻原彰晃は喜んでくれたか」

「オウム真理教から謝礼はいくらもらったのか」

「伊豆大島で平田信と落ち合って祝杯でもあげたのか」

平田もまた、大島に行ったという噂があったからでもある。中村は笑いを懸命にこらえながら、「それはないでしょ。あり得ない」と呆れていた。

確かに中村は、オウム真理教団による地下鉄サリン事件に触発されて警察庁長官の

暗殺行動に出た。その意味では、オウム真理教団が狙撃事件を招いたと言えなくもない。しかし、中村とオウム真理教の関係は皆無だった。

たとえオウム真理教との関連はなくても、中村泰という容疑性のある人物が浮上したならば、南千住署特捜本部としても、中村の取り調べを考えるはずだが、一度として、公安部で中村の取り調べをする旨の打診はなかった。私からも、「南千住署特捜本部でも中村の取り調べをしてみてはいかがですか」と意見具申もし、中村自身も公安部の取り調べを素直に受け入れる心積もりでいたが、実現することはなかった。

結局、私が中村泰を取り調べた日数は、足かけ七年の間に通算二一五日間に及び、その間、私が作成した被疑者供述調書と中村が作成した供述書はあわせて五〇通近くとなり、その供述に対する裏付書類は一〇〇〇通を優に超えた。

## 証拠が示す事実

以下は、捜査第一課とそれを引き継いだ中村捜査班が積み重ねた中村泰に対する容疑性である。細かな部分も含めると枚挙にいとまがないので、主要なものだけを列挙する。

**【供述による主な立証】**

・國松孝次警察庁長官を狙撃した事実を自供している。
・警察庁長官の出勤前、長官公用車「黒色日産プレジデント」が時間調整のため待機する地点を事実どおり供述している。
・長官公用車のナンバーの一部を事実どおり供述し、事件直前の三月二八日、長官公用車が別の黒色日産プレジデントに替わったことを事実どおり供述している。
・事件直前の三月二八日、警察庁長官の出勤前に警察幹部がEポートを訪問して、警察庁長官の出勤が遅れたことを事実どおり供述している。
・事件当日の警備状況が、下見時と違っていた点を事実どおり供述している。
・アクロシティ内を熟知し、逃走用自転車を隠匿していたAポート自転車置場、通路が狭くなっている地点、スロープの位置、銀行出張所の位置、敷地内バイク乗り入れ禁止等を事実どおり供述している。
・狙撃地点に遮蔽物として用意したゴールドクレストの植木鉢がなくなっていた事実を供述している。

・警察庁長官が居住するEポート内を熟知し、エレベーターの位置、表札の記載内容、集合郵便ポストの記載内容を事実どおり供述している。
・狙撃時における逃走用自転車の置き方を目撃証言どおり供述している。
・狙撃地点における朝鮮人民軍記章と韓国硬貨の遺留地点を事実どおり供述している。
・遺留した朝鮮人民軍記章の公開されていない裏面の特徴を事実どおり供述している。
・朝鮮人民軍記章の入手先を供述し、その裏付けがおおむね取れている。
・狙撃直前、Fポート居住者に目撃された事実が目撃者の供述と一致している。
・狙撃後、駆け寄って来た警戒員の動作・服装を事実どおり供述している。
・自転車で逃走時、Dポート前の坂道で浮浪者風の男と遭遇した供述が第三者の目撃供述により裏付けられている。
・逃走用自転車の特徴、遺留地点、遺留方法を事実どおり供述している。
・盗難（放置）自転車を逃走用に使用した供述が裏付けられている。
・帰宅途中の武蔵小金井駅の警察官の配置状況やバス車内から見たパトカーの警戒状況を事実どおり供述している。

・狙撃に使用した八インチ銃身のコルト社製357マグナム口径のパイソン型拳銃の購入先、販売担当者を具体的に供述し、その裏付けが取れている。
・狙撃に使用したフェデラル社の357マグナム・ナイクラッド・ホローポイント弾の販売時期と購入時期が供述と矛盾しない。
・ロサンゼルス市内の貸倉庫にフェデラル社の357マグナム・ナイクラッド・ホローポイント弾を保管していた供述が貸倉庫従業員等の供述により裏付けられている。

【押収品による主な立証】

狙撃地点に遺留した韓国硬貨と同種の韓国硬貨、アクロシティ界隈の地図、犯行使用拳銃を投棄したという竹芝桟橋↕大島航路の船舶切符と乗船名簿、警察庁を視察した際の霞ヶ関駅発券の多数のキセル切符、狙撃前後の供述を裏付ける新宿区の貸金庫開扉記録、狙撃時に携行したバッグ（狙撃後に拳銃を収納したポケット内から射撃残渣反応あり）、狙撃使用拳銃と同じ八インチ銃身用の収納ケース、コルト・パイソンの使用説明書、フェデラル社の357マグナム・ナイクラッド・ホローポイント弾のカタログ、狙撃事件に関わる六〇篇の詩を作成・記録したフロッピー・ディスク、司法官憲に対する恨みを綴った多数のノート、狙撃事件に関わる多数の新聞記事・雑誌記事の切り抜き、警察幹部の写真、戦闘用マニュアル、銃器・実包に関する文献、BATTERY CHARGER、多数の鍵、解錠用具

**【その他の立証】**

・狙撃使用拳銃に関し、米国内のウェザビー社に対する照会で、同社の認証印が付いた「購入申請書」と「販売記録票」の回答を得ている。
・高度な射撃技量を有し、その技量は名古屋高裁と大阪地裁の公判で立証されている。
・自転車を遺留した後、供述に基づく逃走経路を実査すると、狙撃に使用した銃器・弾薬を隠匿した新宿区の貸金庫に、開扉時刻の午前九時二六分に矛盾なく到着する。
・躊躇することなく拳銃で人間を撃つことができる。
・犯行現場に故意に遺留品を残す特癖がある。

中村は現在、岐阜刑務所で無期懲役刑に服している

# 第八章●最後の告白

## 同志「ハヤシ」の正体

中村は、警察庁長官狙撃事件に関与した「ハヤシ」について、西日暮里駅からアクロシティまでの送迎、狙撃当日のサブマシンガンの搬送、逃走用自転車の準備、偵察等の支援を受けたこと、そして、オウム真理教の壊滅に向けた議論をハヤシとしたことなどを取り調べ時に話していた。中村捜査班では、中村の支援者数名は解明したものの、警察庁長官狙撃事件に関わるハヤシだけは、解明できずに時効を迎えることになった。

退職まで二ヵ月弱となった平成二八年八月、私は、このハヤシを解明しないまま退職しては、将来、必ず後悔すると思い、上司の許可を得て、時間を見付けては、記憶をたどって独り捜査をしていた。そのきっかけとなったことは、このころ夜回りに来た記者から見せられた中村からの手紙にあった。この手紙は、中村が信頼を寄せる記者に宛てたものだった。

「ハヤシは、ロスで中古車を仕入れては日本に持ち込むような仕事をしていた」

「ハヤシから見本として受け取った『中古車輸出入関連書類』は、ハヤシが都内の自動車関係の業者と取引した際のものだった」

　この二つの文章を見た私は、一三年前の暑い日に実施した捜索差押えの記憶を覚醒させていた。私は、それを記者に悟られないように手紙を返すと謝意を述べ、お引き取りいただいた。

　平成一五年七月、私たちは、三重県名張市内の中村の住居への捜索差押えで「中古車輸出入関連書類」を発見・押収していた。この関連書類には、取引先として都内に所在する個人経営の自動車販売会社が記載されていた。このことから、当時、捜査下命を受けた捜査員がこの会社の経営者に関係書類を提示して聞き込みをしていた。

　経営者は、自分が警察から疑いをかけられていると思い協力を渋ったものの、提示された書類に自らが記載した部分を確認し、ロサンゼルス市在住で、幼馴染みの「大島洋一（仮名）」の誘いで、アメリカから車を輸入した際の関係書類に間違いないことを証言した。それに、アメリカからの車の輸入は、大島以外とはやっていないということ。この証言に記者から見せられた手紙の内容を加味すると、この大島こそが、中村が警察庁長官を狙撃する際、支援したハヤシという理屈になる。

　私は、早速、大島の周辺捜査を開始した。警察官としての職務執行ができる残り時間は限られている。退職までの間に大島の周辺者から信頼を勝ち取り、退職後もじっくり聞き込みができる環境づくりに取りかかった。

大島は、昭和四九年ころ渡米して、ロサンゼルス市に居を構えた。その後、日系アメリカ人女性と婚姻して子供をもうけ、個人営業の雑貨商を営む傍ら、中古のアメ車やいわゆる逆輸入の日本車を日本の自動車販売業者に輸出する仕事をしていた。ロスの自宅には拳銃も保管し、時折、射撃場にも出かけていた。そして、家族や日本にいる親族には、ロスに住んでいる日本人から、日本にアメ車を持ち込む方法について相談を受けていると打ち明けていた。

この「ロスに住んでいる日本人」こそ中村泰であった。

中村は、銃器・弾薬を船便で日本に密輸する手続きや方法を検討するため、その見本として、大島から、「中古車輸出入関連書類」の複写を手に入れたが、使用後に廃棄することなく、不覚にも名張市の住居に保管していた。

自動車販売会社の経営者が言う。

「大島は、年に何回も帰国していたが、親族宅には立ち寄らず、事前にアメリカから私の事務所に送ってきていた雑貨、靴、鞄等の米国製品を受け取っては商売をしていた。大島は、日本に愛人がいた。うちの修理工場にあったお客様用の代車を自由に使わせていた。大島には、手付金として五〇〇万円を渡して左ハンドルの日本車を逆輸入することにしたが、なかなか車を送って来なかった。何回も催促して、やっと計五台の車を購入した」

平成二八年九月末日をもって、私は警視庁を退職した。

しかし、その後も自動車販売会社の経営者夫婦とは連絡を取り合い、夕食をともにするなどして交流を続けていた。この夫婦にとっても、自社が取り引きした「中古車輸出入関連書類」の複写を中村が所持していたことは不可解で、大島が本当に中村の手伝いをしていたのか気掛かりでならなかった。だからこそ、私が退職した身分であることもすべて承知した上でハヤシの解明に協力してくれていたのだ。

私は、岐阜刑務所に服役中の中村と面会して、この大島こそがハヤシであることの確証を得ようとした。その準備行為として、岐阜刑務所に対し親族以外の面会者として登録する必要があった。

警察官としての身分がなくなった以上、中村の取り調べをすることはできない。長期受刑者の中村と面会できるのは親族だけである。

私は中村に依頼して、岐阜刑務所に願い出てもらうことにした。中村は私の依頼を承諾して、早速、刑務官に所定の文書を提出して審査を受けて了承され、私は親族以外の面会者として登録された。その上で、岐阜刑務所に電話を入れ、「親族以外の面会者として登録しているので面会をしたい」と申し出た。応対した刑務官は、「それならば、どうぞお越しください」と快く回答してくれた。

平成二九年二月二二日午後、私は、岐阜市則松の田園地帯に所在するコンクリート塀で囲まれたその施設を訪問した。かつては中村の取り調べのために訪問していた場所である。面会の手続きをして待合室で待っていると、刑務官がやって来た。しかし、その返答は、「面会はできません。お帰りください」と事務的なものだった。

「なぜだ。事前に連絡をして了解も取ったではないか」

「上司から、『面会をさせないと、服役囚の財産に重大な損失が及ぶおそれがあるという規定には該当しない』と言われました。文通でお願いします」

申し訳なさそうに話す若い刑務官を、執拗に追及する気にはなれなかった。

警察官という身分がなくなると、岐阜刑務所の対応は当然変わる。

私は方針を変更して、大島の周辺者を徹底して聞き込み、あとは手紙で中村の反応を見ることにした。この聞き込みには、自動車販売会社の夫婦が持つ情報網から大島の関係者数名を割り出してもらい、夫婦に同道してもらって接触した。

「俺は、大島に一三〇〇万円も騙されたよ。アメリカで雑貨やダイヤが安く手に入ると言うから大島の話に乗ったが、実際に届いた物はまったく価値のないわずかかの品物だった」

「大島がロスで機械のイベントをやるとか、山形で音楽のイベントをやるとか言うから、私は資金を貸したが、催促してもいっさい返済してくれなかった」

「自分は、同級生の大島からのお願いだからと思い、わずかの蓄えから一〇〇万円を貸したけど、返済はまったくなかったよ。まさか、大島の奴から取り立てるわけにもいかないしさ」

この数名に対する聞き込み調査から、「大島は数名の日本人スタッフを抱えてリサイクルショップを経営していたが、資金に困窮し、知人にアメリカ製品の購入を持ちかけては代金を詐取《さしゅ》し、様々な言い訳をしては借金をする自転車操業状態だった。また、信条関係を調べても、大島自身には左翼思想も右翼思想もなかった。とにかく目先の金が最大の関心事であり、金のためなら少々危ない仕事でもやった」という結論にたどり着いた。

私は手紙で中村に「大島洋一」の氏名を当てた上で調査経緯を告げ、警察庁長官狙撃事件の支援役のハヤシに間違いないか質問を開始した。手紙のやり取りでも、原則として中村は、イエスかノーかをはっきり回答してくるからでもある。

中村は、平成二九年二月二八日付の手紙を皮切りに返答してきた。

「鈴木三郎が死んだときは、鈴木の家族が取材対象となってマスコミに追われたが、あなたのご尽力によりギリギリの線で食い止めていただいた。ハヤシを公開すると、親兄弟まで取材対象にされて容赦のない好奇の目に晒されかねません」

私は、「本当は小川雅弘が、警察庁長官狙撃事件の支援をしたハヤシではないのか」という質問を念のため手紙に書いたところ、五月二二日付の返信で、中村は、

「小川くんは、後にも先にも狙撃事件に関与したことはありません」

と明確に否定してきた。

ところが、大島洋一に関する質問には曖昧な回答となった。

やはり当たりか、やはり大島が狙撃事件のハヤシか。

その後も中村は、「大島＝ハヤシ」の構図を否定することはなかった。

大島洋一の渡航歴も調べたが、平成七年三月三〇日の事件発生当時は、米国に滞在していることになっていた。しかし、その記録をもってシロと決めることはできない。むしろ、トリックと見るべきである。中村とその周辺者は、実在する他人になりすましたり、架空の人物を作り上げてパスポートを取得し、それを利用して渡航を繰り返していた。本人名義のパスポートを使用するのは、家族同伴のときだけである。

はたして、この「大島洋一」が、エージェントEと見てよいのか。これまでの捜査に間違いはないはずである。

直接大島を取り調べてシロクロを付ければ良いではないかという考えが、当然浮かぶ。しかし、それはできなかった。大島は白血病を患い急逝していたからだ。ハヤシの尻尾は摑んだが、明確に特定するまでには至らないでいた。

## 岐阜刑務所での面会

何となくモヤモヤする日が続き、「岐阜刑務所にもう一度行ってみよう」という考えと、「面会が叶わずに無駄足になってもつまらない」という躊躇が交錯していた。

しかし、状況は大きく変わっていた。

私は、岐阜刑務所の指導により、中村と文通を続けていたものの、パーキンソン病を患った中村の容体が思わしくなく、手の震えで筆記がままならなくなっていた。中村の願いでもあった本書の執筆も最終段階に入り、中村から公開して良い点、非公開にすべき点、強調してほしい点等を最終確認しなければならなかった。面会して中村に確認しなければ、同人の名誉が毀損され、大きな不利益を被るおそれがあり、岐阜刑務所の言う「面会をさせないと、服役囚の財産に重大な損失が及ぶおそれがある」という規定を充足するものと私は判断した。

刑務官からの様々な想定問答を作成した上、平成二九年一一月一七日午後、私は再度、岐阜刑務所へ面会に赴いた。

面会を申し出る所定の書面には、面会理由を書かなければならない。私は、そこには「別紙のとおり」と書き、あらかじめ持参した、面会理由を書いたA４判のペーパーを添付して提出した。手続きを済ませて待合室の椅子に腰掛けていると、「ただいま、検討していますのでお待ちください」と受付の方から伝えられた。〝今回は面会できるかもしれない〟と期待を抱きつつ、三〇分ほど待ったところで、「面会室二番にお入りください」と告げられた。

昂ぶる気持ちを抑えながら指定の面会室で待っていると、間もなく黄緑色の作業帽に作業服姿の中村が刑務官に付き添われてガラス越しに現れた。約八年ぶりに再会した中村は、顔色が良く元気そうではあったが、歩行がたどたどしかった。お互いに笑みを浮かべ、深々とお辞儀をすると、中村は腰掛けて開口一番、「お久しぶりです」と切り出した。

そして、「よく、面会が許されましたね」と話す中村の頭は終始左右に揺れ、両手は小刻みに震え、パーキンソン病の症状が顕著であることが一見して分かった。

「岐阜刑務所のご配慮で面会が叶いました。ところで、中村さんの念願だった書籍化が具体的になってきました。最終的に、アピールする点、伏せる点を再確認したいのですが」

と問いかけると、中村は、

「北朝鮮の核開発と邦人拉致のことをPRしてください。一九九四年春、北朝鮮の核危機が起きたとき、カーター元大統領が訪朝して収めてしまったが、あのときアメリカが北朝鮮を叩いていたら、いまごろ、北朝鮮の核開発問題など起きていなかった。拉致被害者についても、いまなお救出できていない。私は、邦人拉致が起きたとき、いち早く奪還を企図した。その一環として手に入れたのが、長官狙撃の現場に残した人民軍記章だった。邦人拉致が起きたとき、すぐに動き出していた人物がいたことを、あらためてPRしてもらいたい。パーキンソン病のことは、すでに公表されているので隠さなくてもよい」

とゆっくりとした口調ながら熱く答えていた。

さすがの中村もかつての理路整然とした口調ではなかったが、一言一言を絞り出すように懸命に話していた。

「伏せる点は、鈴木三郎さんの家族のこと、國松長官の狙撃の支援役だったハヤシ、つまり大島さんの家族のことですね」

と確認すると、

「二人は亡くなっています。鈴木の家族のことはお願いします。大島についても、家族にとっては名誉なことではないので配慮してあげてください」

と言って、私が、「ハヤシ=大島」を特定したことを前提に話してくれた。続いて、

「大島は、自己名義のパスポートではなく他人あるいは架空名義のパスポートを使っていたのですか」

と聞くと、中村は、

「そういうこともありましたね。今春、警視庁の刑事が、ハヤシについて教えてほしいと言って訪ねて来ましたので、『大島は死にましたよ』と答えておきました」

と何のためらいもなく話してくれた。

「大島の奥さんが中村さんのことを覚えていた。大島との接点はロスだ。それも射撃場。そして、大島から中古車輸出入関連書類を見本としてもらった。狙撃事件の使役として大島は金で雇った」

と続けていくと、中村は頷きながら聞き入っていた。そして、中村は私に大島が死

に至った経過を確認してきた。この言葉に、やはり中村は、使役に過ぎない大島とは深い付き合いをしていなかったと私は感じ取った。

私は大島が亡くなる前後のことを説明した上で、「ハヤシが大島であることを特定するには時間がかかりました。初期段階で捜査にミスがありました。でも、何とかたどり着けました」と話していくと、中村は黙って聞いていた。

面会は取り調べではない。面会理由に関することを聞き、そのやりとりの枝葉の中でハヤシについて確認するに過ぎなかったが、私は、大島こそがハヤシであることを中村の細かな言動や表情で確信した。

ちょうど三〇分の面会を済ませ、中村は私に、

「わざわざ東京からお越しいただきありがとうございました。出版を楽しみにしています」

と頭を下げて、扉の向こう側に消えていった。

結局、私たちが割り出した中村の支援者は合計六名となった。

すなわち、

一　捜査の初期段階で解明した特別な同志「鈴木三郎　昭和一三年生」

二　証拠品分析から解明したメキシコ人女性
　　エージェントA　「ロサ・ゴンザレス　一九六二年生」
三　千葉刑務所への聞き込みを端緒に解明した
　　エージェントB　「田中憲治　昭和二三年生」
四　取り調べと韓国情報筋を端緒に解明した
　　エージェントC　「佐藤明こと李明　昭和八年生」
五　取り調べ、海外からの手紙を端緒に解明した
　　エージェントD　「小川雅弘　昭和四八年生」
六　中村の手紙、証拠品分析、聞き込みを端緒に解明した
　　エージェントE　「大島洋一　昭和二七年生」

以上の六名である。

## 捜査終結

警察庁長官狙撃事件について、中村は、下見時の状況、犯行時の状況、犯行後の状

況について具体的に供述し、その裏付けも取れている。また、数々の証拠品が、中村の犯人性を雄弁に物語っている。

　しかし、明確な裏付けが困難な内心の部分については、疑念を払拭できない点がある。ただそれは、中村が弟に語った警察への復讐心、千葉刑務所服役中に綴った官憲に対する積年の恨み、謀略や策略にこだわる中村の性格、警察庁長官狙撃事件に関して綴った六〇篇の詩等、情況証拠をもとに組み立てていくと、中村の内心が読めてくる。

　すると、次の供述は、中村があえて創造した架空のものということになる。

「私とハヤシは、平成七年三月初め、山梨県上九一色村のうち、サリンを生成している第七サティアンを爆破する計画を立てたが、間もなく警察がオウム教団に強制捜査に入るものと期待して逡巡していたところ、三月二〇日、地下鉄サリン事件が発生した」

「オウム真理教団の犯行に見せかけて警察庁長官を暗殺して警察首脳を精神的に追い詰め、死に物狂いでオウム真理教団に対する捜査指揮にあたらせる。また、トップが倒されたことで、全国警察は一丸となってオウム真理教団に仇討ちを仕掛ける。その結果、警察はオウム真理教団への捜査を強力に推進し、それにより、更なるテロに怯える市民の不安が解消される」

しかし、取り調べによって感じ取った本来の中村の行動は、このような崇高な理念に基づいたものではない。

「オウム真理教による地下鉄サリン事件、オウム真理教関連施設に対する警察の一斉捜索等、警察とオウム真理教団が対峙しているこの時期に、警察庁長官を暗殺すれば、だれもがオウム真理教団の犯行と考える。官憲に対する積年の恨みを晴らす絶好の機会が到来したと考えた中村は、長年にわたり培ってきた射撃技量を活かして狙撃による暗殺を計画し、そのとおり実行した。この暗殺計画に先立ち、送迎や簡単な手伝いをしてくれる人物が必要だった。そこでハヤシを金で雇い、目的の詳細は明らかにしないまま使役として手伝わせた。ハヤシに思想的な背景は必要なかった」

これが事実に近い構成であろう。

だからこそ、中村はハヤシを割り出されることを恐れていた。それは、自分が創造した筋書きが、ハヤシの素性によって否定されてしまうからである。

中村の弟はさらに熱く語る。

「拳銃で人を撃って倒したいという欲望、警察権力に対する逆恨みを晴らしたいという欲望があったからこそ、兄は警察庁長官の狙撃を実行したにほかありません。事件があった平成七年当時、兄が銃器や弾薬を手に入れていたこと、朝鮮人民軍バッジや韓国コインを狙撃場所にわざと落として警察の見解を探るような行為をすること、千葉刑務所を仮出所した当時から警察に復讐しようとしていたこと、優れた射撃の技量があること、拳銃で人を撃つことに快感を覚えていたことから、兄は警察庁長官を狙撃したのです。

兄には、オウム真理教団に対する警察捜査を奮い立たせるといった世直し的な正義感などありません。自分がやったことを正当化するための詭弁《きべん》です。兄はオウム真理教信者がサリンを撒いたことに刺激され、勇気付けられたはずです。オウム真理教信者にできるのだから、自分にだってできるはずだ。だから、やってみたいという気分の高揚に繋がったと思っています。そして、実際に、警察トップを狙撃することができたのです」

つまり、警察庁長官を狙撃した中村の本来の目的は、官憲に対する個人的な恨みを晴らす「復讐」にあった。謀略を好む中村は、いまこのとき、警察庁長官を暗殺すれば、だれもがオウム真理教団の犯行と考え、自分は捜査線上に浮上せずに逃げ切れると目論んだ。

ところが、名古屋市内で現金輸送車を襲撃して逮捕された失敗から、警察に三重県名張市内の住居を割り付けられて捜索差押えを受け、警察庁長官狙撃事件の容疑者として急浮上することになった。

思案をめぐらせた中村は、世間から強盗事件を起こして捕まった哀れな老人と見られて朽ち果てるよりは、この際、警察庁長官狙撃という偉業を成し遂げたことを明らかにして、注目を集めようと考えた。そこで、個人的な恨みを晴らす目的などはいっさい封印して、狙撃により警察捜査を加速させ、オウム真理教団を壊滅に追い込んだことを自らの功績や義挙として供述した。

中村には理解できないかもしれないが、警察庁長官が暗殺されようとも、その仇討ちのために捜査を加速させるような発想は、警察にはない。何の罪もない一般市民が被害に遭《あ》ったときこそ、警察は強力に捜査をするのである。

中村は、キューバ革命の英雄「フィデル・カストロ」や「チェ・ゲバラ」、あるいはナチス・ドイツからの避難民を救った「杉原千畝」に憧れ、彼らのように歴史に名を残す存在を夢見て、いつしか自分をそれに置き換えて考えるようになった。だからこそ、取り調べでは、オウム真理教団の化学兵器を使ったテロから市民を守るという大義を掲げて暗殺行動を実行したと供述した。

これが長期間にわたり中村の取り調べをしてきた私の見解である。

いずれ公判において、中村が創造したストーリーを、私の証言によって論破する予定でいたが、それはついに叶わなかった。

最後の取り調べとなった平成二二年三月一六日午後、中村がいみじくも語った。

「私は、國松警察庁長官を狙撃した事実を認め、犯行状況を具体的かつ詳細に供述し、その裏付けも取れ、公判で否認に転じたりはしないと宣言している。狙撃に使用した銃は廃棄してしまったが、アメリカで入手した裏付けもあり、アメリカから日本国内に銃器・弾薬を運び込んだ手法も明らかになった。アメリカの貸倉庫には狙撃に使用した弾薬の残りが保管されていた。アメリカで磨いた高度の射撃技量は、名古屋高裁や大阪地裁の公判で認められた。朝鮮人民軍記章の入手先、アクロシティの住所を知り得た経緯も具体的に話している。同志のハヤシにも警察はたどり着く。ここまで立証できているのに、なぜか逮捕されない。はたして日本は、本当に法治国家と言えるのだろうか」

岐阜刑務所での面会時間が間もなく終わろうとしていた。

私は中村に対し、

「一五年の長きにわたった中村泰さんに対する捜査は、現時点をもって終了します」

と捜査の終結を宣言した。

「これまでたいへんな捜査をしてこられ、何回も渡米され、本当にご苦労さまでした」

中村は清々《すがすが》しい笑顔で、私にねぎらいとも取れる言葉を発した。

そこには、民兵組織の結成を目指した戦士の面影はもはやなかった。

平成三〇年三月に刊行したハードカバー版では、ここまでの段階で意図的に話を終わらせた。

しかし、物語は、これから佳境に入っていく。

# 第九章● エージェントD

獄中の中村から届いた手紙。

「表の欺瞞、裏の真実」というタイトルが付されていた

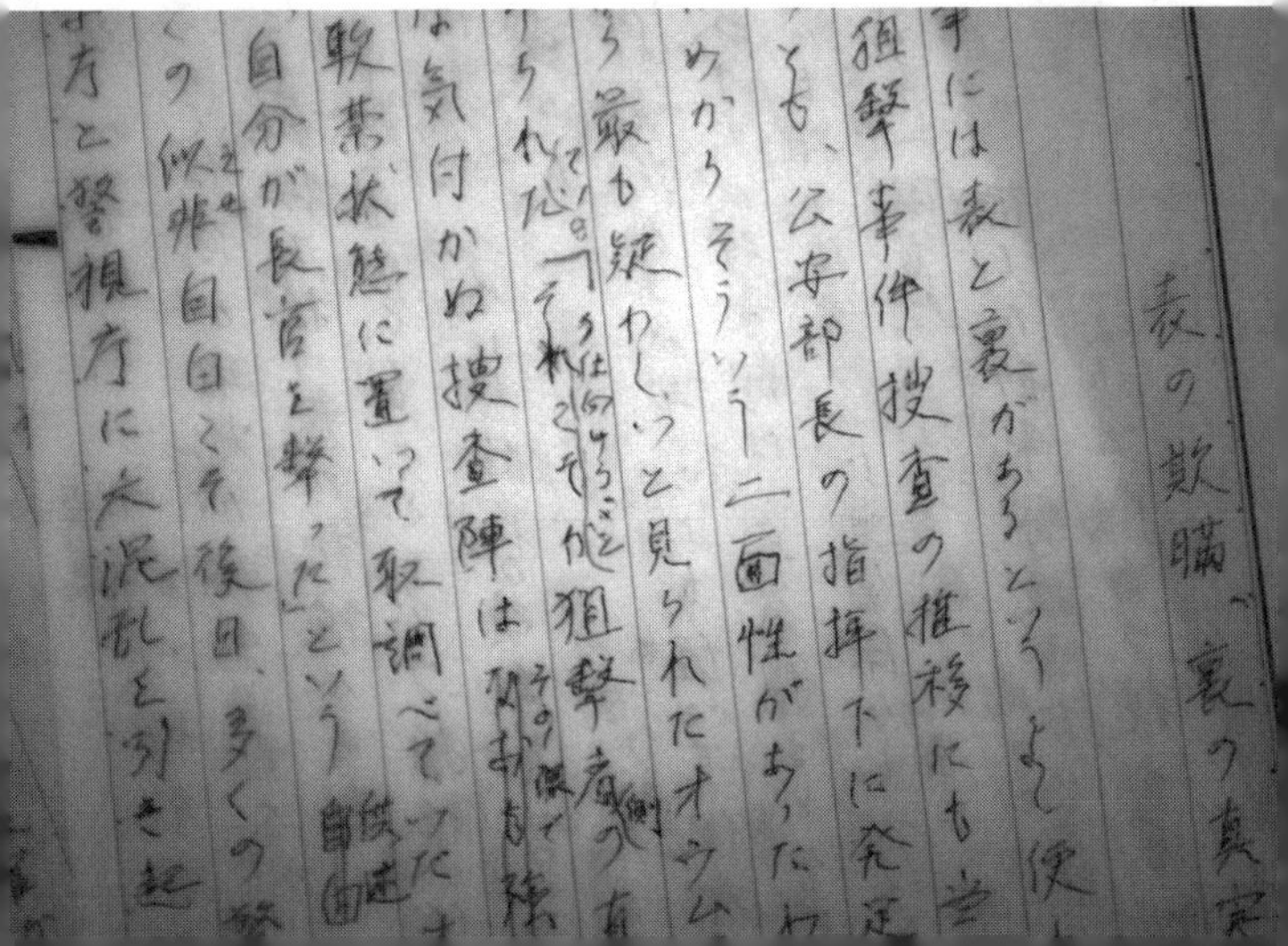

表の欺瞞 裏の真実

には表と裏があるということ

狙撃事件捜査の推移にも

、公安部長の指揮下に

めからそういう二面性があった

ら最も疑わしいと見られたオウム

気付かぬ捜査陣は

状態に置いて取調べていた

自分が長官を撃ったという

似非自白で後日、多くの

庁と警視庁に大混乱を引き起

## 長官狙撃の「未解明部分」

中村捜査班にとって、エージェントDこと小川雅弘は未解明な部分が多い謎の人物だった。エージェントEこと大島洋一と比べても、非合法活動を隠密に遂行できる資質の点では申し分なかった。中村の意思を継承して、それを実現することができるエージェントは、この男くらいしか見当たらなかった。

公訴時効が迫った平成二二年二月、私は取り調べの過程で、中村泰から「エージェントDこと小川雅弘」に関して具体的な供述を引き出した。このときの中村は、いつになく興奮状態になっていた。

「いずれ小川も取り調べることになる」と私が告げると、「関わりたくないのであれば否定すればよい。誇りに思うのならば話せばよい。小川個人の判断に任せる。小川が話したことをあえて否定するつもりはない」などと語気を荒らげた。

その後、取り調べが続くにつれ、中村の気持ちは揺れ動いた。

たとえば、二月二四日午後の取り調べでは、

「名古屋市西区のＵＦＪ銀行押切支店で現金輸送車を襲う計画を立てた際、小川から

止められたが、老いていく焦りから実行してしまった」

などと打ち明けた上、捜査段階でも裁判過程でもこれまで一貫して否認してきた大阪市都島区の三井住友銀行都島支店の現金輸送車襲撃事件について、

「私が実行したことを認めます」

とあっさり自供した。この心境の変化は何なのか。さらには、

「小川は狙撃現場界隈の荒川区に土地鑑があった」

「報酬を弾むから仲間に入ってくれと頼まれ、バイト感覚で狙撃を手伝ったと小川に話を創られたら困る」

「捜査側に小川のことを認めるべきではなかった。小川は思想よりも現金や商売が大切な人物だ」

「フランスからの絵葉書は、長官狙撃事件に自分を引っ張り込まないでほしいという小川からのメッセージだと思う」

「小川は、拳銃について、小銃と比べればサイドアーム（補助武器）にしかすぎない、威力も射程も大したことはないと馬鹿にしていた」

など一貫性のない話をしては、ため息をつく状態になった。

翌二五日になると、中村の心理状態はさらに不安定となった。「長官狙撃の支援者

は小川だな」と私が執拗に問い質すと、中村は何も答えられずに黙ってしまった。

さらに、「どうなんだ、違うのか」と念押しすると、「答弁を留保します」と逃げた。そして、

「捜査側からすると、小川は支援者の条件に合いすぎるから捨てきれないと思うが、この人物は有害な要因を含んでいる。放置しておいたほうがよい」

「新聞が大々的に時効の報道をしたら、それに便乗して、小川は自分の主張を公表することを考えているかもしれない。ただ単に『私は狙撃事件に関係していない』と言ってくれるなら想定の範囲内だが」

「私が小川と一緒に行動したことを公式に認めるわけにはいかない。過激派の人間が仲間のことを話さないのと同じだ。公安事件では当たり前のことだ」

などと、狙撃事件を義挙として表明したものの、小川から難癖を付けられ、台無しにされることに中村は不安と焦りを感じていた。

取り調べの過程では、終始、冷静・沈着をモットーとしてきた中村だが、公訴時効が差し迫った時期になり、私たち捜査班に小川を割り出され、その共犯性を追及されると供述は不自然に変遷した。

最終的に中村は、時効間際の取り調べで、

「小川に関わっても何の利益もない。小川は長官狙撃事件に関係していない」

と言い張った。

私は、妙な違和感を覚えていた。

平成二二年三月三〇日午前零時、警察庁長官狙撃事件は公訴時効を迎えた。

ただ、中村と小川にとっては、事件後、海外渡航をしていて時効が停止している期間があるため、時効は未だ完成していなかった。

果たして小川は、中村が警戒したように、何らかの行動を起こしてくるのか。

しかし、小川は、この時期、服役中だったこともあり、表立った行動は起こさずに事態の推移を静観しているようだった。中村の不安と焦りは取り越し苦労となった。

最終的に、私は中村の表情や供述に沿って、「エージェントEこと大島洋一」を狙撃事件の支援者ハヤシとしてハードカバー版の物語を終わらせたものの、払拭できない疑念と不安があった。

中村は、亡くなった大島洋一に罪をかぶせて円満に幕引きを図ったのではないのか。狙撃事件の支援者ハヤシは、やはりエージェントDこと小川雅弘と見るべきではないのか。

## トラップが機能した

私は、さらに真相に迫るための方策を模索し、『宿命』(ハードカバー版)の中にトラップを仕込んでいた。

小川は「筆まめ」という特性があった。この人物は、遠く離れたアメリカまで、逮捕された中村のために貸倉庫やメールボックスの解約手続きをしていた。流暢な英語で解約の電話を入れた上、英文で手紙を書いて解約手続きをするほど几帳面だった。

きっと小川は私の著書を読むはずである。もし、小川が著書の記述に間違いや解釈の誤りを見付ければ、必ずアクションを起こしてくると私は踏んだ。

そこで私は、「中村と小川がロスで出会えたのは、渡航歴から見て平成七年一〇月以降になる」と誤った筋読みを原稿にしたためた。

その上で、平成七年三月三〇日の狙撃事件当時、まだ中村と小川は知り合っておらず、「小川が狙撃事件を支援することはできない」などと小川を突き放した。

もし、小川が狙撃事件の真の支援者ならば、彼のプライドからして、ここに注文を付けてくると予測した。

さらに、小川から連絡がきた場合、小川本人か否かを識別するためのキーワードも忍ばせた。それは、フランス国内から届いた絵葉書の差出人の氏名である。

ハードカバー版では、「差出人 山本一雄」（本書二七〇ページ）と記したが、絵葉書に書かれた実際の差出人の氏名は「本多一雄」だった。小川雅弘を名乗る者から連絡があった場合、私は、この絵葉書の差出人の氏名を認識していることで、小川本人と識別することを企図した。

すると予測したとおり、「小川雅弘」を名乗る差出人から、平成三〇年四月七日付の消印の封書が講談社に届いた。

その封書には、『宿命』の必要部分の複写が同封されていた。

まず、キーワードを確認すると、案の定、「山本一雄」を「本多一雄」と訂正していた。その他にも、小川でなければ知り得ない箇所に加筆してくれていた。

たとえば、私たちが捜査した京都府向日市に所在するマンションには地名を加筆し、大阪拘置所の第四舎房の独居房には「確定房」と注釈も付けてきた。

この差出人こそ、エージェントD「小川雅弘」であると、私は確信した。

著書の中で、「中村と小川がアメリカで同時期に滞在していた時期は、平成五年七月から始まる」と書き、その一方で「入出国地は、小川がサンフランシスコ、中村がロサンゼルスであることから、二人がロスで出会えるのは、渡航歴からして平成七年一〇月からになる」と書いた点にもやはり小川は注文をつけてきた。

「ＬＡＸ（ロサンゼルス国際空港）とＳＦＯ（サンフランシスコ国際空港）は飛行機で一時間、車で七時間」「大阪‐東京程の距離」と。

中村は私に、ロスの空港で小川と出会ったと言っていた。小川のことを、異国の地で観光ガイドを兼ねて白タク営業をする元陸上自衛隊員とも言っていた。

当初、私は、サンフランシスコを入出国地としていた小川が、短いアメリカ生活の中で、早々にロスで観光ガイドを兼ねた白タクができるものだろうかと疑念を抱いた。しかし小川は、平成五年六月からサンフランシスコを入出国地としてアメリカに渡航すると、八月までの約一ヵ月半滞在している。

二回目は平成六年六月から一〇月までの約四ヵ月間の滞在である。このときもサンフランシスコを入出国地としているが、四ヵ月もの間滞在しているならば、ロサンゼルスに足を延ばすことが考えられる。

これに、中村の渡航歴を照合すると、平成五年中、中村と小川が同時にアメリカ西海岸に滞在した期間は約一ヵ月間、平成六年中は約二ヵ月間となる。つまり、渡航歴からして、狙撃事件以前に二人はアメリカで接点を持ち、親しくなった可能性があると見るのが自然な判断となった。

岐阜刑務所での取り調べでも、中村は苦渋の表情で、「ロスで小川の白タクに乗ったのは長官狙撃事件よりも前だったと思う」などと吐露していた。アメリカ国内で出会い親しくなった二人は、日本国内ではさらに親交を深めるはずである。中村もまた、「小川とは、アメリカよりも日本での接触が多かった」と語っていた。

平成五〜六年と言えば、民兵組織結成のため、中村がその要員確保に奔走していた時期である。

特に、平成五年一〇月、要員募集を依頼していた新右翼民族派の野村秋介が何の予告もなく自決してしまい、中村の念願だった組織結成に暗雲が垂れ込めた時期でもある。この当時の小川には、大島と同様、思想・信条に極端な色はない。それに、長期間の取り調べの中、中村が話していた狙撃事件の支援者の素顔に小川は見事に符合する。

私は賭けに出た。講談社の校閲担当者から、「狙撃事件前に中村とエージェントDこと小川は出会っていたのではないのか。サンフランシスコとロサンゼルスに同時期滞在している二人がアメリカ国内で遭遇する機会はあり得るのではないのか」と指摘されたが、それを訂正せずに網を仕掛けた。

その上で私は、「警察庁長官狙撃事件のハヤシは、エージェントEこと大島洋一であると確証を持った」と、小川が狙撃事件の支援者になることはないと説いた。

ここに小川は顕著に反応した。

小川は、講談社に送ってきた封書に著書の二九四ページ（本書三三三ページ）を複写して同封し、「私は、大島こそがハヤシであることを中村の細かな言動や表情で確信した」と書いた部分の「大島」を丸で囲み、その横に小川の本名を書き添えてきた。

さらに、ハードカバー版の二九五ページ（同三三〇ページ）も複写して、

**エージェントE　「大島洋一　昭和二七年生」**

という部分を完全に消して空白にしてきた。

小川がここまで具体的に文章を訂正してきていることから、小川はプライドを傷つけられ、侮辱され、「捜査が間違っている」「俺こそが警察庁長官狙撃事件の支援者だ」と明確に表明していると私は確信した。

平成三〇年四月一六日、私は中村に以下のような追及の手紙を書いた。

中村さん、生命を張って同志を守り隠す必要は、既になくなりました。

狙撃事件の支援者は、小川くんという理解でよろしいですね。

小川くんは、自らが狙撃の支援者だったことを認めてくれました。

これ以上のカモフラージュは無意味です。

小川くんと連絡が取れるようでしたら、講談社宛に声明を送るように指示してください。


中村は、何の反応も示さなかった。

私は、小川にも手紙を書いたものの、しばし投函を躊躇した。必ず、小川は、何の反応も示さない私に業を煮やして新たなアクションを起こすと予測したからだ。

すると、予測したとおり、四月二三日、講談社の担当編集者から「小川から二通目の手紙が届いた」と連絡が入った。

その手紙は四月一〇日付の消印で、「一度会って相談したいことがある。手紙をもらえないか」と書かれていた。

早速、私は小川が指定した京都府内の宛先に携帯電話のメールアドレスを添えた手紙を投函した。

中村氏の話に沿って、私は、エージェントEこと大島洋一を銃撃事件の支援者として物語を終結させせましたが、中村氏は、亡くなった大島に罪をかぶせて幕引きを図ったのではないかと見ています。

抜群の行動能力を持ち、隠密作業に長けたエージェントDこと小川雅弘さんこそが真の支援者であると加筆することを計画していましたが、その判断は正しかったようですね。

私たちが疑念を持ったのは、事件前にロスで知り合った二人が、短期間のうちに連携を取れる間柄になり得たかということでしたが、先日届いた手紙から、事件前には二人に親交があったことを察しました。

既に公訴時効が完成して八年以上が経過しています。

是非、可能な範囲内で「雑感」でもお聞かせください。

事件の背景を更に解明して、後世に残す記録にしたいと考えております。

小川が長官狙撃事件の支援者ハヤシであるためには、中村と小川に具体的な犯行状況や共犯性を語ってもらうことがベストである。しかし、それが叶わなくても、小川から犯行時の支援状況を明らかにしてもらいたいものである。

しかし、小川からの連絡はなかった。

すると、五月二二日、講談社の担当編集者から連絡が入った。

「小川から三通目の手紙が届いた。どうしても著者と連絡が取りたいようだ」

五月二〇日付の消印のその手紙には、

「一九九五（平成七）年三月、私が帰国してからの行動を捜査しましたか」

「急に呼び出しがあり、山に入っていましたので返事が遅れました」

「携帯にメールを送っています」

「状況が変わり渡米する予定でいます」

などと書かれていたが、私の携帯電話には小川からのメールは届いていなかった。

さらに、五月二五日午後、講談社の担当部署に小川から電話が入った。

「著者に手紙を送ったところ、返事が届きました」

「携帯電話にメールを送ったが、返事がきていません」

「講談社宛に再度手紙を書いたのでよろしくお願いします」

ちょうどこの日、私は小川宛に手紙を投函していた。その文面には、私の電話番号とメールの受信設定を変更した旨を書いていた。

しかし、小川からの音信は途絶えた。ここにきて小川は警戒するようになったのか。すると、今度は中村から封書が届いた。

六月三日付で書かれたその手紙は、内容に変化があった。

恵まれない境遇の下、懸命に生きる同志・小川に思いを馳せながら、中村は、

「彼について、長官狙撃の一味だったなどと応えたら、決して彼に良い影響はないので、あくまでも沈黙するほかないのです」

と書いてきた。

私は、この手紙の脈絡から、「小川は長官狙撃事件の一員だったが、彼のことを考えると、私の口からそれを明言するわけにはいかないのです」という中村の苦悩を受け止めることができた。

狙撃事件当時はまだ若かった小川雅弘も、経験と実績を積み重ね、いまや成熟したウルフに成長していることだろう。

何よりも、中村泰という類まれなローンウルフから伝授された思想や行動能力は相当なレベルに達しているに違いない。

鍛え上げられた褐色の体軀、蓄積された知識、訓練と実戦を重ねてきたライフルの射撃技量、いずれもが常人を超越しているものと想像できた。

## ついに姿を現した

小川からの音信が途絶えて一年が経とうとするとき、私の携帯電話に登録のない電話番号からのショートメールが届いた。内容からすると、エージェントDこと小川雅弘からのものだ。小川からのショートメールは、これがはじめてだった。退職してすでに三年目に入り、狙撃事件も時効から九年を迎えようとしていたときである。

平成三一年三月一四日に届いたこのメールによると、小川は現在、上京して都内に滞在しているという。「それならば、せっかくの機会だから会うか」という話がお互いのやり取りでまとまった。狙撃事件は時効を迎え、私は警視庁を退職しているとはいえ、小川の勇気に敬服した。

翌一五日午前、私は、喧騒を避けて、比較的穏やかな新宿区内の場所を指定した。当日、私は約束の時間ちょうどに約束の場所に到着すると、そこには大柄でガッチリした体軀の小川が凛として立っていた。小川に会うのは二回目だった。最初は、平成二二年三月の時効直前、京都刑務所で短時間の取り調べだったが、そのときの小川は、相手を圧倒する比類のない勢いがあった。しかし、この日の小川にはそれが感じられなかった。

私が右手を挙げて合図をすると、小川は軽く会釈して私を迎えた。

「そこの喫茶店に入ろうか」

「はい」

私に促されて、小川は私に続いてセルフサービス型の喫茶店に入った。

「どこか適当に座っていてよ。何がいい。コーヒーそれとも紅茶？」

「いえ、自分が払います」

「いいよ、いいよ。せっかく会えたのだから、俺が出すって」

そんな他愛もない会話をしながら、私たちは向かい合って座った。

「今日の待ち合わせ場所がよく分からなくて、昨夜、不安になって確認に来ました」

と言って、小川が語り出したことは、ここ数年の苦しい生活状況だった。この日、私と面会する目的の一つは、現在の懸案の解消と今後の生活に関する人生相談と見えた。

狩猟期には、卓越したライフル射撃の技量を活かして有害獣を駆除しているようだったが、日頃は反社会的勢力やその取り巻きに理不尽な扱いを受け、精神的にも肉体的にも追い詰められているようだった。こうした生活面についてとうとうと話す小川の表情は暗かった。

一通り生活状況を話し終えると、小川は顔を上げ、

「塞ぎ込んで一人ぼっちになって生活しているとき、『宿命』が出版されたことを知り、読んでいるうちに、あのころがとても懐かしく思えてきました」

と話を変えた。小川は徐々に明るい表情になると、

「南千住は随分と走り回ったので、あの辺の地理はとても詳しくなりましたよ。狙撃事件のことは、時効後もNHK、テレビ朝日、日本テレビで放映されていたけど、他局は取り上げているのかな。取り上げさせたいですね」

と饒舌に話し出した。

中村ほどではないにしろ、小川にとっても警察庁長官狙撃事件は、思い出に残る格別な出来事だったようである。

このとき私は、狙撃事件について、興味本位で小川を追及しようとは思わなかった。この事件の捜査は終わり、私は退職した身である。私は小川が自発的に話すことに耳を傾けた。この日、小川は狙撃事件の細部については語ろうとしなかったが、それでも話の端々から、中村泰の依頼で狙撃事件の手伝いをした事情を十分に受け取る

ことができた。

やはり、中村捜査班が見立てたとおり、真の支援者、つまりハヤシはエージェントDだった。

「中村泰はどんな人だったか」

「うーん。世話になった人。いろいろ面倒を見てあげた人。頭のいい人ですかね」

二時間ほどの面談を終え、私たちは店外に出た。

「元気でいてな」

「はい、今日は会えて本当によかった。だれにも話せないでいたことを聞いてもらえてよかった」

と言って、それぞれ別々の方向に歩き始めた。

翌日、小川からショートメールが届いた。

「中村さんと私の関係を知っているのは原さんだけ」と。

私は、「昨日の話は、二人だけの秘密だから他言はしないで欲しい」という口止めと理解した。当然、わきまえている。

その数日後、小川からまたショートメールが届いた。

「『宿命』を映画化するとき、エージェントD役は関西出身の役者でお願いします！」

以後、現在に至るまで小川からの連絡はないが、生命力の強い小川のことだから、市井に紛れて息を潜めていることだろう。

一方、中村は、九〇歳を迎えるころから最終的な身辺整理を始めていた。信頼を寄せ、文通を続ける複数人に、銃器・弾薬の隠匿場所を手紙で打ち明けていた。その手紙には、神奈川県西部の具体的な隠匿場所が印された地図が同封され、一〇丁以上の拳銃と一〇〇〇発前後の弾薬が保管されていると書かれている。アメリカで苦労して入手し、秘かに日本国内に運び込んだ銃を、日の目を見ぬまま葬り去ることはできないと思ったのだろうか。あるいは、もう一度、報道機関に自分自身をクローズアップさせようとしているのだろうか。いずれにせよ、私は、中村から依頼を受けただれかが、この〝宝物〟を掘り出すことを心待ちにしている。

令和二年二月、久しぶりに中村捜査班の面々が一堂に会した。班員の一人が定年退職を迎え、慰労のために招集された。それぞれが近況を話して盛り上がり、宴も終盤を迎えたころ、私は切り出した。

「エージェントDと会ったよ。あの小川にだよ」

盛り上がっていた場が静寂につつまれた。

「やはり我々の捜査どおり、Dこと小川が中村の真の支援者でした。以上で、狙撃事件のパズルは埋まりました。これにて、ジ・エンドです」

私の言葉に、みなが口々に、「やっぱりね、小川は戦闘員だから」「あいつにしかできないですよ、あんなこと」「小川の行動力は並み外れていましたからね」「ああ、すっきりした」などと言い続けていた。

私は、班員たちの言葉を聞きながら、長きにわたる稀代の犯罪者「中村泰」とそれを取り巻くウルフたちへの壮絶な捜査を振り返っていた。

そして、組織の分厚い壁を突き破るため、真実発見に果敢に挑んだ勇者たちを心からねぎらっていた。

# エピローグ

警察庁長官狙撃事件は、発生当初から時効に至るまで、報道機関が大きく取り上げ様々な切り口で報道した。また、多くのジャーナリストがそれぞれの視点でコメントし、事件に関する書籍も数多く出版された。

公訴時効になったいまなお、この事件を取材する記者は多く、特別番組として報道するテレビ局があるのも、それだけ報道価値のある不可解な事件だからであろう。

警察内部で中村泰を知る職員は多くはない。そのためか、中村をめぐり不確かな憶測が横行する。それに加え、事実から外れた報道が影響してか、真実が塗り替えられる場面も出ている。それならば、実際に中村の浮上から時効に至るまでの捜査に携わり、中村を専属的に取り調べてきた私自身が、経験した事実を基に、可能な限り具体的に、後世に残す記録として、書き記すことが適切と考えるに至った。それは中村の切なる願いでもある。中村は平成二九年七月三日付の手紙で、

「副題は、『真の当事者によって暴かれる長官狙撃事件の真相』とでもなりましょう

か。それは私が貴著にかける思い入れの表現と受け止めていただければ幸いです」

と書いている。

また、平成三〇年元旦の年賀状にも、中村は、不自由な手で懸命に「今年こそ長年の努力が結実するものと信じています」と熱い気持ちを書いている。

退職したいまとなっては、警察人生は良き思い出として、心の奥深く大切にしまっておきたいものであったが、しかし、原稿に起こしているうちに当時の苦悩や憤りが思い出され、悶々としてならなかった。一五年間、大量の捜査員を投入して懸命な捜査を続けても、未解決に終われば捜査そのものが誤っていたことになる。

「犯人はオウム真理教だ」、「犯人は中村だ」などと罵りあって、結局、事件を解決できずに公訴時効を迎えた警視庁の姿は、一般市民には滑稽《こっけい》に映るだろう。

大量の銃器・弾薬の所持で中村を逮捕したころは、警察庁長官狙撃事件をめぐり、刑事部幹部と公安部幹部が火花を散らしていたが、時が経つにつれ、刑事部内で中村の捜査を推す勢力は衰退していった。それでも検挙に熱意を燃やす捜査第一課長が着任するや、刑事・公安からなる警視総監肝いりの中村捜査班が結成されて捜査は躍進した。

だが、その行方は順風満帆ではなかった。上級幹部の人事異動によって体制も方針も大きく変わり、捜査は迷走した。それは、組織が背負う宿命なのかもしれないが、結果的に事件は公訴時効を迎えてしまった。

残念なことに、終盤には、「あの事件は公安部の事件だから」と言って、刑事部からのバックアップもなくなり、中村捜査班は見放された。はたまた、「長官狙撃はオウム真理教が計画・実行したものであり、氏名は公表できないが狙撃した者も分かっている。ただ、捕まえないことが社会正義になる場合もある」などと抗弁する幹部も現れた。いったい警察の本分とは何なのであろうか。

平成二九年夏、私はオウム真理教犯罪被害者支援機構の事務局にこの原稿を一読していただいた。それは、同支援機構が、オウム真理教団の後継団体アレフと未払いの賠償金の支払いを求めて調停を進めていたからだ。つまり、警察庁長官狙撃事件が、オウム真理教団の犯行ではないことを結論付けた本書（編集部注：ハードカバー版）を発刊することにより、アレフが勢いづいてしまい、不利な調停を強いられるのではないかと危惧したからであった。しかし、支援機構事務局は、「捜査で解明した事実なのだから発刊すべきだ」と、かえって背中を押してくれることになった。加えて、「オウム真理教団のテロが、新たなテロを生んでしまった」など、「地下鉄サリン事件に触発されて、中村は警察庁長官狙撃事件に及んだ」ことを付言してくれた。

結局、調停は不調に終わり、ハードカバー版が発刊される前月の平成三〇年二月、オウム真理教犯罪被害者支援機構は、賠償金の支払いを求めアレフを提訴した。最終的に令和二年一一月一七日、最高裁第三小法廷はアレフ側の上告を棄却し、控訴審判決が確定した。すなわち、アレフ側に約一〇億二五〇〇万円の支払命令が確定した。

本書を執筆するに当たり、警察関係者はもとより、様々な方から助言をいただき相談にも乗っていただいた。完結編の発刊に際し、これらお力をいただいた方々に深甚なる謝意を申し上げたい。

本書が後世に残る一冊になることを祈っている。

二〇二一年三月

原　雄一

# 『宿命』刊行に寄せて——中村泰から届いた手紙

移にも当てはまる。

「物事には表と裏がある」というよく使われる表現は、警察庁長官狙撃事件捜査の推移にも当てはまる。

もっとも、公安部長の指揮下に発足した特捜本部の態勢に、初めからそういう二面性があったわけではない。捜査の矛先は、当時の情勢から最も疑わしいと見られたオウム真理教に向けられていた。

そう仕向けることこそが狙撃者側の真の狙いだったのだが、そうとは気付かぬ捜査陣はその線で捜査を進めるうちに、軟禁状態に置いて取り調べていたオウム信者のK巡査長から「自分が長官を撃った」という供述を引き出した。

この似非自白こそ、後日、多くの警察幹部を巻き込んで警察庁と警視庁に大混乱を惹き起こす「K騒動」の引き金となったのである。この奇襲劇の脚本を書き、自らも出演した筆者（＝中村・編集部注）にとっては、何か現実のほうが勝手に動き始めて作者の手に負えなくなってきたという感慨を抱いていた記憶がある。

しかし、ともかくもここまでの推移では、捜査の二面性はまだ顕在化していない。それには世紀が改まって２００３（平成15）年になるのを待たなければならなかった。

事件発生から8年以上も経って、偶然の成り行きから長官狙撃事件の関連証拠を入手した刑事部は、意気揚々とそれを捜査本部に報告したが、意外にも相手はオウムに無関係なものは無価値だというような態度でそれを一蹴した。

それで憤慨した刑事部捜査官たちは、それなら自分たちだけで事件を解決してみせようと独自の捜査活動を始めた。こうしてオモテの犯人であるオウム信者を追う捜査本部とウラの犯人と目されるN容疑者（編集部注：中村受刑者自身のこと）を追う刑事部員という二重構造が形成されたのである。

この刑事部員から成る捜査集団は、その後曲折を経て、刑事・公安両部から選抜された部員から成る「N専従捜査班」として、捜査本部に所属することになったので、形の上での二重性は解消した。

しかし、本来、捜査対象が異なっているのだから、それぞれの条件も違っている。たとえば、時効にしてもオウム信者を対象にしている捜査本部のそれが事件発生後15年経過の２０１０（平成22）年3月30日であるのに対して、専従班の対象であるNは海外滞在期間の関係で一年近く延びることになるが、その間の行動予定も判然としていなかった。

それにしても、本部長からの指令が「立件はしないが、捜査は尽くせ」という矛盾に満ちた不可解なものであったのはどうしたことであろうか。何があろうとオウムの犯行という結論は変わらないことを覚悟しておけという警告であったのだろうか。

とにかく本書の著者である原捜査官が指揮するN専従班が地道な捜査努力を続ける中で、表向きの時効完成日である2010（平成22）年3月30日が到来した。延べ48万人の労力を注ぎ込み、15年の歳月を費やした大捜査活動の締め括りとして「捜査概要」なるものを公表したが、その内容は（実在の）オウム信者数名にそれぞれの役割を被せて創作した物語といえるようなもので、これは後日、オウムの後継団体から名誉毀損の訴訟を起こされて手もなく敗訴し、恥の上塗りとなった。

さらに、直接の被害者である國松孝次元長官からも、本件の捜査は失敗であったと評された警視庁公安部の内部では、うっ積した憤懣がいずれ爆発するのではないかと予想していたところ、果たしていかにも公安部員らしい手口による造反工作が発生した。外事課に保管されていた極秘の捜査資料が大量にネット上に流出したのである。

それによって惹き起こされた衝撃の大きさは責任者である公安部長を更迭にまで追

い込むのに十分であった。これも、時効完成の日に記者会見を開いて長官狙撃事件はオウムの犯行であるという大嘘を百も承知のうえで国民に告げた悪行の報いとでもいえようか。

この当時『警察庁長官を撃った男』なるノンフィクションが発行されて狙撃事件の詳細な真相が暴かれたが、今回世に出た『宿命』は、直接その捜査に専従した捜査官が意を決して公刊したものであるだけに歴史的な証言としての価値も高い。さらに、被疑者との虚々実々の駈け引きも描写されているので、物語としての面白さも十分にある。

ただし、それでもなお、なぜ警察首脳部は、この重大な狙撃事件の真相を隠蔽してしまったのかという根本的な謎は未解決のままである。

２０１８年８月

中村　泰

この作品は、二〇一八年三月に小社より刊行された『宿命　警察庁長官狙撃事件　捜査第一課元刑事の23年』を改題し、新たに「第九章　エージェントD」を書き下ろしたものです。

|著者| 原 雄一　中央大学法学部卒業。警視庁捜査第一課で長きにわたり殺人犯捜査に従事。警察署副署長・署長、方面本部勤務を経て平成28年秋退職。

宿命《しゅくめい》　國松《くにまつ》警察庁長官《けいさつちょうちょうかん》を狙撃《そげき》した男《おとこ》・捜査完結《そうさかんけつ》

原《はら》 雄一《ゆういち》

© Yuichi Hara 2021

講談社文庫

定価はカバーに
表示してあります

2021年３月12日第１刷発行

発行者――渡瀬昌彦
発行所――株式会社　講談社
東京都文京区音羽2-12-21　〒112-8001
電話　出版（03）5395-3522
　　　販売（03）5395-5817
　　　業務（03）5395-3615

デザイン――菊地信義
本文データ制作――講談社デジタル製作
印刷――豊国印刷株式会社
製本――株式会社国宝社

Printed in Japan

落丁本・乱丁本は購入書店名を明記のうえ、小社業務あてにお送りください。送料は小社負担にてお取替えします。なお、この本の内容についてのお問い合わせは講談社第一事業局企画部あてにお願いいたします。

本書のコピー、スキャン、デジタル化等の無断複製は著作権法上での例外を除き禁じられています。本書を代行業者等の第三者に依頼してスキャンやデジタル化することはたとえ個人や家庭内の利用でも著作権法違反です。

ISBN978-4-06-522908-8

# 講談社文庫刊行の辞

二十一世紀の到来を目睫に望みながら、われわれはいま、人類史上かつて例を見ない巨大な転換期をむかえようとしている。

世界も、日本も、激動の予兆に対する期待とおののきを内に蔵して、未知の時代に歩み入ろうとしている。このときにあたり、創業の人野間清治の「ナショナル・エデュケイター」への志を現代に甦らせようと意図して、われわれはここに古今の文芸作品はいうまでもなく、ひろく人文・社会・自然の諸科学から東西の名著を網羅する、新しい綜合文庫の発刊を決意した。

激動の転換期はまた断絶の時代である。われわれは戦後二十五年間の出版文化のありかたへの深い反省をこめて、この断絶の時代にあえて人間的な持続を求めようとする。いたずらに浮薄な商業主義のあだ花を追い求めることなく、長期にわたって良書に生命をあたえようとつとめるところにしか、今後の出版文化の真の繁栄はあり得ないと信じるからである。

同時にわれわれはこの綜合文庫の刊行を通じて、人文・社会・自然の諸科学が、結局人間の学にほかならないことを立証しようと願っている。かつて知識とは、「汝自身を知る」ことにつきていた。現代社会の瑣末な情報の氾濫のなかから、力強い知識の源泉を掘り起し、技術文明のただなかに、生きた人間の姿を復活させること。それこそわれわれの切なる希求である。

われわれは権威に盲従せず、俗流に媚びることなく、渾然一体となって日本の「草の根」をかたちづくる若く新しい世代の人々に、心をこめてこの新しい綜合文庫をおくり届けたい。それは知識の泉であるとともに感受性のふるさとであり、もっとも有機的に組織され、社会に開かれた万人のための大学をめざしている。大方の支援と協力を衷心より切望してやまない。

一九七一年七月

野間省一